JN328683

日韓主要産業の推移とＦＴＡ

―― 日・韓物的工業労働生産性の国際比較のデータに基づく統計分析 ――

西　手　満　昭

溪　水　社

目　次

図・表目次

第1章

第2章

第3章

第4章

第5章

第6章

第7章

第8章

日韓主要産業の推移とＦＴＡ

―― 日・韓物的工業労働生産性の国際比較のデータに基づく統計分析 ――

序

東アジアは、1960年代後半から90年代前半に至る「高度経済成長」、すなわち「東アジアの奇跡」と賞賛された時代を謳歌していた。ところが、1997年初め以来のタイ・バーツへの激しい売り圧力に対して、タイ政府はそれまでのドルペッグ制の維持が困難になったことから、同年7月に変動為替相場制に移行するやいなやバーツの急速な切り下げが始まった。このタイ発の金融・通貨危機は瞬く間にインドネシアやマレーシアなどのASEAN諸国に伝播し、いくつかの国ではIMFに緊急支援を要請せざるを得ない事態に至った。

さらにこの通貨危機は、10月に香港へも波及し、これらの一連の流れの中で「次は韓国が危ない」という不安心理が国際金融界に蔓延し始めた。10月下旬から、韓国通貨のウォンが急落し始め、ピーク時には一時的に1ドル＝2000ウォンまで大暴落した。その後、中央銀行の為替介入などにより外貨準備が枯渇した韓国政府は、IMFへの緊急支援を要請するに至った。

1996年末に韓国はOECDに加盟し、「先進国の仲間入り」という言葉が世間でもてはやされた状況であったが、一転してその1年後には「IMFの信託統治」「IMFによる経済植民地」という標語まで登場する状況となった。

このような中で98年2月に発足した金大中政権は、この経済危機の克服を最優先課題として掲げ、IMFとの合意のもとに、韓国経済特有の財閥の改革や、金融部門の再編、規制緩和などに取り組み、一時の最悪的状態から脱却した。

韓国経済は、実質GDP成長率（前年比）において95年には8.9％、96年は7.1％と高い水準で推移してきたが、危機の起こった97年には5.5％と若干その数値を下げ、98年にはその影響から▲6.7％と大きく落ち込んだ。ところが、99年には10．7％と大幅なプラス成長へと転じた。

本論文では、韓国が経済危機に直面した97年、成長率が大幅に落ち込んだ98年、その後に目覚ましい回復を見せることになった99年の3年間に着目し、行沢健三教授の開発された日米労働生産性の国際比較の算定方法を韓国に適用し発展させてこられた柳田義章教授の研究に接続する形をとらせて頂き、いまだ研究が行われていないであろう物的労働生産性の国際比較の手法を用いた、韓国経済の危機後の回復・再生状況を品目・産業別に算定し、リカードゥ貿易理論と関連して、統計分析ソフトの「SAS（Statistical Analysis System）」や「JMP」などを利用し各種の統計分析をまじえたうえで、その一端を解明することに主眼を置くものである。

さらに、日韓両国の比較優位・比較劣位構造＝国際分業構造の検出を通じて、FTAの側面の1つである、自由化推進を通じて競争力の低い産業や企業が激しい競争にさらされ、比較優位の産業を伸ばそうとする経済構造改革を促すというものの視点から、日韓FTAに対する若干の提言を述べていくものである。

章別構成と内容は以下の通りである。

第1章　労働生産性の国際比較の足跡

第1章では、労働生産性の国際比較の先駆的な諸業績に触る。最初に注目すべきである業績として、F.W.タウシッグの論文「合衆国と他の国々の労働費用の比較」と、それに次ぐA.W.フラックスを紹介し、さらに、『イギリスおよびアメリカの産業の比較生産性』によって集大成をなしたL.ロスタスの業績[1)]についてみていく。

また、これらの業績から物的労働生産性算定方式を研究・発展させてこられた行沢健三教授・柳田義章教授の労働生産性国際比較の基本概念を紹介する。

1）　主に労働生産性の国際比較の3つの方式である、「サンプル方式」、「グローバル方式」、「純算出価値方式」について触れる。

同時に、リカードウ・モデルの実証水準におけるD.マクドゥガルやB.バラッサの検証についても紹介する。

第2章　日・韓両国の物的工業労働生産性の算定の具体的手順

第2章では、行沢健三教授の開発された日米労働生産性の国際比較の算定方法を韓国に適用して、日・韓物的工業労働生産性の国際比較数値を得ようとされた柳田義章教授の業績を振り返るとともに、算定の基となる日韓両国の原資料の提示と、この研究の出発点である日・韓の品目別コード照合を示し、それらの照合が果たされた品目について算定していくわけであるが、韓国の算定方式と日本の算定方式がそれぞれ違うものであるので、両国の基本的な算定手順を例示して説明していく。

第3章　日・韓国際個別生産性指数と日・韓国際総合生産性指数の算定結果と比較優位・比較劣位構造の検出

第3章では、第2章での「日・韓両国の物的工業労働生産性の算定の具体的手順」に示された算定方法にしたがって、柳田教授の算定された1997年および、それに接続する形で1998年、1999年の日本と韓国の労働生産性を算定・追加して、日韓の比較優位・比較劣位構造の検出を試みる。ここで、日・韓個別生産性指数および日・韓国際総合生産性指数の概念と算定結果を示し、これを基にしたクラスター分析によって、各年度ごとの比較優位・比較劣位構造の検出[2)] を試みる。

第4章　日・韓国際個別生産性指数と日・韓国際総合生産性指数のデータ分析 －相関分析・分散分析－

第4章では、日・韓国際個別生産性指数の相関分析・分散分析と日・韓国際総合生産性指数の相関分析・分散分析をそれぞれ行う。その目的は、相関分析による産業構造の不均衡発展の検出と、分散分析では、算定年度である1997年、1998年、1999年の3年間において、年度間、産業間、あるいは品目間で統計学的に認められる程度の変化があったのか、なかったの

2)　具体的に、比較優位に属する品目、比較劣位に属する品目を挙げていく。

か[3]について検討するためである。

第5章　日・韓国際個別生産性指数の因子分析

第5章では、日・韓国際個別生産性指数すなわち品目の水準に基づいて、因子分析を行う。これまでの各種統計分析をさら深めるために、算定年度である1997年から1999年の3年間を通した日韓両国の比較優位・比較劣位構造＝国際分業構造の特徴と変化・推移をより詳細に、また視覚的に把握しようとすることを目的とする。

とくに、各品目の詳細な特徴（例えば、アジア経済危機の影響を受けた品目であったのか、あるいはなかったのか）や将来性（例えば、品目ごとの特徴から、後に韓国にとっての比較優位品目になるのか、あるいは比較劣位品目になるのか）を把握することが可能となるであろう。

第6章　日・韓国際総合生産性指数の因子分析

第6章では、日・韓国際総合生産性指数すなわち産業の水準に基づいて、因子分析を行う。これまでの各種統計分析をさら深めるために、算定年度である1997年から1999年の3年間を通した日韓両国の比較優位・比較劣位構造＝国際分業構造の特徴と変化・推移をより詳細に、また視覚的に把握しようとすることを目的とする。

とくに、各産業の詳細な特徴（例えば、アジア経済危機の影響を受けた産業であったのか、あるいはなかったのか）や将来性（例えば、品目ごとの特徴から、後に韓国にとっての比較優位産業になるのか、あるいは比較劣位産業になるのか）を把握することが可能となるであろう。
また同時に、アジア経済危機に見舞われた韓国経済をV字回復に導いた産業の検出も試みる。

第7章　リカードウ・モデルの実証研究

－B.バラッサ方式による検証－

第７章では、リカードウ・モデルにおける実証研究の中でも代表的なも

3)　分散分析によって、韓国がアジア経済危機に直面し、V字回復を成し遂げた軌跡を探るという仮説の検証を試みるものである。

ののひとつである、B. バラッサの研究手法を紹介し、そのB. バラッサ方式に基づいて、日・韓労働生産性の国際比較数値と輸出実績との間にどのような相関が認められるか、または認められないかというテーマを激動の時期にあった韓国に適用し、回帰分析を行うことによって、検証しようとしたものである。[4)]

第8章　日韓FTAと物的工業労働生産性の国際比較の視点から見た若干の提言

第8章では、FTAの簡単な紹介と、日本と韓国におけるFTAの現状、さらにはこれまで本論で進めてきた日・韓国際個別生産性指数や日・韓国際総合生産性指数をもとにした統計分析[5)]の結果から、日韓のFTAに対する若干の提言をするものである。

4）本来であれば、3年度の全てにおいてそれぞれ検証を行うものであるが、本論文では、1999年以外の輸出実績、すなわち相対輸出金額のデータが入手できなかったため、単年度（1999年）のみのとする。

5）因子分析の結果を主な論拠とする。その理由として、3年間における韓国の包括的な経済状況を示すものとして、因子分析が最も適当であると思われることによる。

第1章　労働生産性の国際比較の足跡

第1節　先駆者について

まず労働生産性の国際比較について最初に注目すべき業績としては、F.W.タウシッグの論文があげられている。タウシッグは、1924年に発表された「合衆国と他の国々の労働費用の比較」と題する論文において、いくつかの品目（石炭、れんが、ビール、鉄鋼、錫板、セメント、精糖、バター、氷、綿製品）について、当時のアメリカ合衆国における生産物単位あたり労働投入量を他の適当な国々のそれと比較を試み、その結果として検出される生産性較差の原因について推論を行なうと共に、この分野での比較作業の研究の意義と必要性を強調している。

そして、タウシッグに次ぐ代表的な仕事としては、タウシッグ自身もその名に言及していたA.W.フラックスによる英米両国の工業生産性の比較結果をあげたうえで、これら2つに代表されるこの時期の作業は、「統計情報の不足の故に、相対的に控え目な方法にもとづかざるを得なかった」と、述べている。[1)]

そして、これらの研究の後、いっそう野心的な最初の試みがなされたのは、L.ロスタスによってであった。ロスタスの研究はその著書である『イギリスおよびアメリカの産業の比較生産性』で集大成された。それは、比較方式の整備や比較対象となった産業部門の包括性において画期的なものであった。すなわち、この書物で、労働の物的生産性の比較の意義を論じ

1)　行沢健三著『労働生産性の国際比較』創文社　1976年　10ページ～11ページ

た後、1930年代後半におけるイギリスとアメリカの製造業について労働の物的生産性を比較し、さらに製造業以外の部門についても生産性の相対比の測定を試みて、これらの結果を総合することによって、生産性比較を実質所得比較に関連づけることを可能にし、さらに、両国製造業の生産性の長期的変化に関して、入手可能な情報の総括を図り、最後に相対的生産性に影響する諸要因について検討したのである。[2)]

ロスタスは労働生産性の国際比較の方式について、3つの方法を挙げている。1つ目は、ほぼ同一条件で生産する少数工場を抽出してそれらの実績を比較する「サンプル方式」。2つ目は、各国の同一産業部門について、総産出量と総雇用量とを比較する「グローバル方式」。（行沢教授は『労働生産性の国際比較』の中で、「産業別一括比較方式」と訳すべきものであると述べておられる。）3つ目は、両国の各部門での1人当り純産出高の価値（金額）を当該生産物の購買力平価レートで同一貨幣単位に換算して比較する「純算出価値方式」である。

そして、ロスタス自身は労働者1人当りの物的生産性の比較を念頭においていたため、主として「グローバル方式」によったのである。しかし、このことは比較対象となる部門を限定させることになった。すなわち、生産数量を比較するためには質的に比較的同等な生産物を生産する部門に限ることが要請され、したがって、一種あるいは少数の品目を生産する単純な生産物構成の産業部門が選ばれたのである。

ロスタス以降、生産性の国際比較の研究では、主としてあとの2つの方法について発展がみられたわけであるが、「純算出価値方式」が多数を占め、「グローバル方式」は少数派であった。

ちなみに、「純算出価値方式」が現在でいうところの付加価値算定方式であり、社会経済生産性本部生産性研究所が1998年まで採用していた方法であった。そして、「グローバル方式」がここでいう物的労働生産性算定方

2）　行沢健三著『労働生産性の国際比較』創文社　1976年　11～12ページ

式であり、行沢教授及び柳田教授が研究・発展させてこられたものである。

第2節　行沢健三教授の労働生産性国際比較の基本概念

行沢教授は、「それぞれの時点において、各国の各産業部門は生産諸力の発展の歴史的な諸条件に規定されて一定の生産性水準を達成している。これらを母集団として、ここでの測定作業が基本的な測定値としてめざしたものは、第1に各産業部門の国際個別生産性指数であり、第2にそれらをもとにした国際総合生産性指数である。」[3] と述べられたうえで、「各産業部門の生産品目i（=1, 2, ･･･, n）の生産数量をq^iとして、その生産に投下された労働量をl^iとすると、1人当たりの労働の物的生産性p^iはq^i/l^iとして測定されうる。このとき、各品目についての0国を基準とする1国の生産性水準を表す方式として国際個別生産性指数すなわち、

$$p^i_{10} = \frac{q^i_1}{l^i_1} \Big/ \frac{q^i_0}{l^i_0} \left(= p^i_1 / p^i_0 \right)$$

が考えられ、本論文の測定作業で追究したのは、基本的にはこのような関係への量的接近であった。次に個別生産性指数を後にのべる方式に従って総合して全体としての生産性水準の開きを示す国際総合生産性指数P_{10}が得られる。」[4] と説明された。

この引用文の「後にのべる方式」とは、国際個別生産性指数P_{10}を、雇用数lをウェイトとして総合する方式であり、アメリカの雇用数l^iをウェイトとしたものを総合指数(A)とすると、

$$総合指数(\mathrm{A}) = \frac{\sum_i (p^i_1/p^i_0)\, l^i_1}{\sum_i l^i_1} \cdots\cdots\cdots\cdots (1)$$

3)　行沢健三著『労働生産性の国際比較』創文社　1976年　23ページ
4)　同上書。

として示される。

ところで、いま、$l=l/q$（労働の一種の能率）とすると、$l=lq$であるから、これを(1)式に代入すると、

$$総合指数(A)=\frac{\sum_i (p_1^i/p_0^i)l_1^i}{\sum_i l_1^i}=\frac{\sum_i (r_0^i/r_1^i)r_1^i q_1^i}{\sum_i r_1^i q_1^i}=\frac{\sum_i r_0^i q_1^i}{\sum_i r_1^i q_1^i} \cdots\cdots(2)$$

と変形して示される。そうすると、結局、総合指数(A)の意味する内容は、(2)の最右辺から読み取れるように、日本とアメリカ、それぞれの能率でアメリカと同じ生産物構成を生産した場合、日本はアメリカの何倍の労働を要するか、ということを示すものである。

次に、日本の雇用数l_0をウェイトとしたものを総合指数(B)とすると、

$$総合指数(B)=\frac{\sum_i l_0^i}{\sum_i (p_1^i/p_0^i)l_0^i} \cdots\cdots\cdots\cdots(3)$$

として示される。

(3)式を(2)式と同様に変形すると、

$$総合指数(B)=\frac{\sum_i l_0^i}{\sum_i (p_0^i/p_1^i)l_0^i}=\frac{\sum_i r_0^i q_0^i}{\sum_i (r_1^i/r_0^i)r_0^i q_0^i}=\frac{\sum_i r_0^i q_0^i}{\sum_i r_1^i q_0^i} \cdots\cdots(4)$$

したがって、総合指数(B)は、日本とアメリカ、それぞれの能率で日本と同じ生産物構成を生産した場合、日本はアメリカの何倍の労働を要するか、という意味内容を有しているものである。

総合指数(A)も、総合指数(B)も、ともに意味を持ち得るものであろうし、むしろ相互補完的であろうが、実際の算定では、両者の値はかなりの食い違いを示すのである。この食い違いの原因は、(2)，(4)式から明らかなように両国の生産物構成の相違にある。そこで、総合指数(A)と総合指数(B)の平均とも解される総合指数(C)を考える。

$$総合指数(C) = \frac{\sum_i r_0^i (q_0^i + q_1^i)}{\sum_i r_1^i (q_0^i + q_1^i)} \cdots\cdots\cdots\cdots (5)$$

いうまでもなく、総合指数(C)は、各品目について両国の生産物量を合計した生産物構成を生産する場合に必要な各国の労働量の比率を意味するものである。

行沢健三教授の物的労働生産性の基本概念とは、以上の内容を有するものであり、本論文の労働生産性の国際比較は、この基本概念に沿って具体的算定が行われる。[5)]

第3節　リカードウ・モデルの実証水準における検証

リカードウ・モデルの実証水準における検証は、D. マクドゥガルや B. バラッサなどによって取り組まれ、一定の成果があげられている。

D. マクドゥガルの業績とは、ロスタスの研究業績[6)]に接続して、イギリスとアメリカの比較労働生産性と輸出実績との間に存在する関係を検出し、これによって、リカードウの「比較生産費説」の実証研究を試みようとしたものである。

5) 柳田義章著『労働生産性の国際比較研究』文眞堂　2002年　1～3ページ

6) ロスタスは、イギリスとアメリカ両国の製造工業の中から31部門を選定、算定した。なお、この31部門は、1935～39年の時期におけるアメリカの工業生産高の約5分の2、同時期におけるイギリスの工業生産高の2分の1のカバレッジをするものであり、両国の製造工業労働生産性総合指数は、雇用量をウェイトとして、平均1人当たり、アメリカはイギリスの2.2倍、時間当たりでは2.8倍であった。

表1-1　マクドゥガルの作成表

	(1) Output per worker U. S.：U. K., pre-war.	(2) Quantity of exports U. S.：U. K., 1937.
Ⅰ. U.S.Output per worker more than twice U.K.		
Tin cans	5.25	3.0
Pig iron	3.6	5.1
Wireless receiving sets and valves	3.5	7.6
Motor cars	3.1	4.3
Machinery	2.7	1.5
Glass containers	2.4	3.5
Paper	2.2	1.0
Ⅱ. U.S.Output per worker not more than twice U.K.		
Beer	2.0	0.056
Linoleum, oilcloth etc・	1.9	0.34
Coke	1.9	0.19
Hosiery	1.8	0.30
Cigarettes	1.7	0.47
Rayon weaving	1.5	0.20
Cotton spinning weaving	1.5	0.11
Leather footwear	1.4	0.32
Rayon makmg	1.4	0.091
Woollen and worsted	1.35	0.004
Men, s and boy, s outer clothing of wool	1.25	0.004
Margarine	1.2	0.031
Cement	1.1	0.091
Ⅲ. Exceptions		
Electric lamps	5.4	0.94
Biscuits	3.1	0.23
Matches	3.1	0.09
Rubber tyres	2.7	0.74
Soap	2.7	0.35

D. マクドゥガルによる［表1-1］の(1)欄は、イギリスを基準とするアメリカの比較労働生産性を示し、分類Ⅰは、アメリカの生産性がイギリスの2倍以上の品目を示し、分類Ⅱは、同じく2倍以下の品目を示している。同表の(2)欄は、(1)欄の品目に対応する1937年のイギリスを基準とするアメリカの輸出数量シェアを示している。そこで、マクドゥガルは、次のようにいう。「戦前において、アメリカの製造業の週給は、おおまかにいって、イギリスの2倍であった。そこで、われわれは、アメリカの労働者1人当たり産出が、イギリスの2倍以上であった品目について、アメリカは一般的に輸出市場での大きな分け前を有したのであり、他方、アメリカが2倍以下であった品目については、市場の分け前はイギリスによって握られたのであった、ということを見いだすのである[7]」

このようにマクドゥガルは、若干の例外を除いて両国において、相対的生産性優位品目は、輸出市場において一層大きな輸出シェアを獲得する、という関係を検証したのである。[8]

また、B. バラッサは、“An Empirical Demonstration of Classical Comparative Cost Theory”[9] の序文で、この研究は、上記のD. マクドゥガルの研究業績の続編をなすものであろうとみずから述べている。とはいえ、研究データの選択と研究方法は、おのずから異なるところである。すなわち、D. マクドゥガルの場合は、1930年代のロスタスによる労働生産性算定資料に基づいていたのであるが、バラッサの場合は、D. ページおよびG. ボンバッハによる1950年の一層包括的研究業績に基づくものである、とする。

D. ページおよびG. ボンバッハの業績とは、*A Comparison of National*

---

7) Sir Donald MacDougall, “British and American Exports; A Study Suggested by the Theory of Comparative Cost”, Part 1.Economic Journal Dec. 1951. p.697

8) 柳田義章著『労働生産性の国際比較と商品貿易および海外直接投資』文眞堂　1994年　236ページ

9) Bela Balassa, “An Empirical Demonstration of Classical Comparative Cost Theory”, The Review of Economic and Statistics, Aug. 1963, p.231.

Output and Productivity of the United States[10)]をいう。B. バラッサは、同上書を紹介して次のように述べている。「アメリカとイギリスの生産性比較は、D. ページおよびG. ボンバッハによってなされたのであるが、この研究は、両国の産業生産の約2分の1を包括する44産業部門についてなされたものである。生産性は労働者1人当たり純産出として測定されている。イギリスを100とする生産性指数は、アメリカとイギリスの価格でそれぞれ計算されており、これらの数値の幾何平均が採用されている[11)]。」と。［表1-2］はその結果が示されている。

表1-2　**The relationship of output per worker, unit labour costs, and net costs, for selected manufacturing industries in the united kingdom and the united states in 1950**

	U.K. Share of total value added in manufactures	U.S. Share of total value added in manufactures	Wage ratio$ per £	Output per worker' U.K.=100	Unit labor costs per £,	Unit labor costs per £,
1 Shipbuilding and repairing	27.1	4.4	8.99	111	8.1	8.02
2 Cement	3.5	4.1	7.56	116	6.52	5.72
3 Sugar factories and refineries	3.4	2.3	7.81	148	5.28	4.65
4 Tanneries	7.6	4	9.04	168	5.38	3.7
5 Outerwear and underwear	33.5	38.2	10.16	170	5.98	5.35
6 Footwear, except rubber	12.1	10.7	8.05	171	4.71	4.4
7 Grain mill products	8.3	6.3	8.78	183	4.8	6.25
8 Woolen and worsted	32	8.1	10.17	185	5.5	3.35

10) Deborah Paige and Gottfried Bombach, A Comparison of National Output and Productivity of the United Kingdom and the United States, O.E.E.C. Paris, 1959.

11) Bela Balassa, ibid., p.232.

9 Knitting mills	13.9	11.6	9.14	187	4.89	3.59
10 Tool and implements	4.6	3.2	10.41	190	5.48	5.7
11 Cutlery	2.4	1.4	9.47	193	4.91	4.17
12 Structural clay products	9.9	4.6	8.04	197	4.08	4.96
13 Iron and Steel foundries	25.3	19.8	9.28	202	4.59	3.98
14 Ball and roller bearings	3.7	3.1	9.89	208	4.75	4.46
15 Metal-working machinery	13.4	14.3	11.08	221	5.01	4.59
16 Rayon, nylon, and silk	14.2	11.9	9.58	226	4.24	3.54
17 Canning and preserving of fruits and vegetables	6.1	10.8	8.94	235	3.8	4.08
18 Generators, motors, and transformers	12.1	12.5	9.98	239	4.18	4.66
19 Tyres and tubes	4.4	7.7	10.14	241	4.21	4.38
20 Wirework	3.7	7.4	10.42	244	4.27	4.09
21 Soap, candles, and glycerin	5.2	7.1	11.01	249	4.42	5.81
22 Cotton, spinning and wearing	34.6	19.5	9.28	249	3.73	2.8
23 Rubber products, except tyres and foot-wear	7.3	9.1	10.13	250	4.05	3.93
24 Cigarette manufactures	13.5	9.2	7.16	251	2.85	2.65
25 Linoleum and leather cloth	2.2	1.9	9.09	256	3.55	3.77
26 Bolts, nuts, rivets, screws	5.8	6.9	12.23	256	4.78	5.23

27 Steel, works and rolling mills	41.6	39.3	8.79	269	3.27	3.38
28 Glass containers	3	3.1	9.04	274	3.3	4.16
29 Breweries and manufacturingof malt manufacturing	18.9	10.9	11.18	300	3.73	3.77
30 Pulp, paper and board	12.8	21.2	10.21	338	3.02	2.97
31 Wire drawing	3.9	3	9.58	339	2.83	3.11
32 Electronic tubes	0.7	3.5	10.94	355	3.08	4.85
33 Electric light bulbs	1.2	2.2	10.98	356	3.08	3.87
34 Paint and varnish	7.5	7.1	9.8	363	2.7	2.55
35 Basic industrial chemicals	32.7	30.7	9.47	372	2.55	3.22
36 Matches	0.6	0.4	10.56	376	2.81	2.46
37 Radio	10.4	12.8	9.48	400	2.37	2.91
38 Blast furnaces	4.5	5	8.28	408	2.03	3.7
39 Storage batteries	1.7	1.4	9.13	411	2.22	2.1
40 Electrical household equipment	4.2	6.1	11.06	412	2.68	2.29
401 Containers, paper and card	8.9	11.5	11.46	428	2.68	2.29
42 Agricultural machinery, except tractors	3.8	5.5	9.58	429	2.23	2.24
43 Automobiles, trucks and tractors	43.6	76.1	9.42	466	2.02	2.47
44 Metal cans	2.2	3.9	13.36	561	2.38	3.1
Selected manufacturing industries	510	483.9	9.53	267	3.57	3.58

45 Other industries	490	516.1	-	-	-	-
Total manufacturing	1000	1000	9.55	268	3.56	3.65

1.Geometric mean of U.K. weighted and U.S. weighted data.
(出所：D. Paige and G. Bombach, "A Comparison of National Output and Productivity of the United Kingdom and the United States, "O.E.E.C., Paris, 1959.)

B. バラッサは、D. ページおよびG. ボンバッハのこの算定結果に貿易統計数値を接続して、比較労働生産性数値と相対輸出金額との間にどのような関係が認められるかを検証しようと試みたのである。以下、その手順と結果について述べることにする。

まず、B. バラッサは、D. ページおよびG. ボンバッハによる労働生産性算定対象44産業中、貿易統計数値をとりうる28産業をとりあげる。そうした上で、両国の産業の相対的労働生産性数値と輸出実績とを比較しようとするわけであるが、その場合、後者の数値を採るにさいしては、理論的には、輸出金額よりもむしろ輸出数量を採用すべきところではある。この点に関して、D. マクドゥガルの研究業績を参照すると、彼もまた、輸出金額より輸出数量を採用するよう意図していたが、商品グループの異質性の故に、輸出数量をとりえない品目に直面し、ある場合には金額を、ある場合にはウェイトを採用するなどの苦心をしていることが伺われる。しかし、いずれの場合も、誤差を避けることは難しいものと思われる。そういう訳で、B. バラッサは、次のように結論したのである。「われわれのサンプルに含まれる殆どの産業における量的比較の信頼できない性格のゆえに、本研究では、輸出金額を採用することにした。言い換えれば、第三市場における輸出シェアに関する生産性の相異性の影響を研究することをもくろむものである。[12)]

こうした手順に従って、B. バラッサは、［表1-3］を作成したのである。

12) Bela Balassa, ibid., p.233.

なお、比較生産性数値に対応する輸出金額の年次はタイム・ラグを考慮して、1年ずらして、1951年の数値を採用している。[13)]

表1-3　American and British Productivity

	Export Values (1)	Output per Worker (2)
1. Woolen and worsted	2.7	185
2. Shipbuilding and repairing	20.9	111
3. Cement	31.4	116
4. Structural clay products	40.9	197
5. Tanneries	48.9	168
6. Footwear, except rubber	66.5	171
7. Cotton, spinning and wearing	68.4	249
8. Tool and implements	77.3	190
9. Tyres and tubes	84.9	241
10. Knitting mills	86.3	187
11. Rayon, nylon, and silk	87.8	226
12. Iron and Steel foundries	92.6	202
13. Bolts, nuts, rivets, screws	94.7	256
14. Wirework	103.4	244
15. Outerwear and underwear	110.9	170
16. Soap, candles, and glycerin	114.8	249
17. Generators, motors, and transformers	117.6	239
18. Rubber products, except tyres and foot-wear	136.3	250
19. Blast furnaces	186.9	408
20. Radio	191.4	400
21. Steel, works and rolling mills	196.6	269

13）柳田義章著『労働生産性の国際比較と商品貿易および海外直接投資』文眞堂　1994年　236～242ページ

22. Automobiles, trucks and tractors	205.7	466
23. Basic industrial chemical	213.2	372
24. Pulp, paper and board	233.9	338
25. Metal-working machinery	277.5	221
26. Containers, paper and card	290.4	428
27. Agricultural machinery, except tractors	291.8	429
28. Paint and varnish	320.1	363

U.K.=100

Note

Column 1:

Great Britain, Customs and Excise Department *Annual Statement of the Trade of the United Kingdom* ,1954, *Compared with the I'zars* 1951-1953, (London: Her Majesty's Stationary Office, 1956)

United Nations Statistical Office, Commodity Trade Statistics, January ミ December 1951(New York , 1952)

United Nations , Statistical Office, *Yearbook International Trade Statistics* , 1952 (New York ,1953)

United States , Bureau of Census , Report No. FT410, *United States Export of Domestic and Foreign Merchandise* , Calendar Year 1951, Parts Ⅰ and Ⅱ (Washington, 1952)

Column 2:

Paige Deborah, and Gottfried Bombach , *A Comparison of National Output and Productivity of the United Kingdom and the United States* (Paris, OEEC, 1959)

次に、B. バラッサは、この［表1-3］に基づいて、イギリスとアメリカの生産性比率（productivity ratio）と輸出比率（export ratio）との2変数（two variables）の回帰式を求めたところ、以下のようになった。

$$\log\frac{E_{\mathrm{I}}}{E_{\mathrm{II}}}=-53.32+.721\frac{P_{\mathrm{I}}}{P_{\mathrm{II}}} \qquad \cdots\cdots\cdots\cdots(1)$$

(.103)

次に2変数（two variables）の相関関係（correlation coefficient）を求めたところ、0.8で、さらに2変数（two variables）の順位相関係数（spearman rank correlation coefficient）は、0.81であった。B. バラッサは、この諸

結果の信頼性を、Fisherのz変数（Fisher' s transformation）を用いて、検定したところ、5%水準で有意であった。

この回帰式を示すと、「図1-1　U.S./U.K. EXPORT AND PRODUCTIVITY RATIO 1950 AND 1951（NORMAL SCALE)」のようになる。

図1-1　**U.S./U.K. EXPORT AND PRODUCTIVITY RATIO 1950 AND 1951（NORMAL SCALE）**

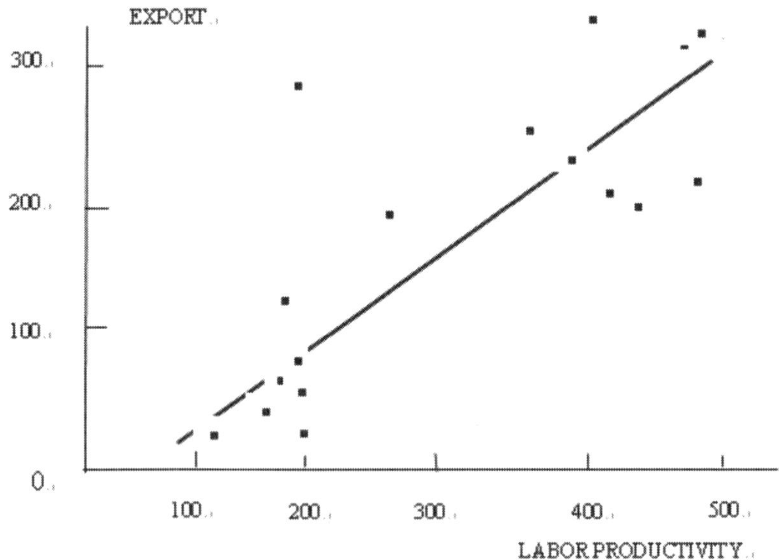

出典：［表1-3］に同じ

B. バラッサは、この図の分散を見て、観測値が増加するにつれて回帰式からの偏差値が増加することから、対数で表したほうが適切であろうことを示唆している、とする。もしそうならば、生産性比率（productivity ratio）の1%の増加が輸出比率（export ratio）の何%の変化と関わるかとで見たほうが良いとする。

そうすると、回帰式は以下のように示される。

$$\log\frac{E_{\mathrm{I}}}{E_{\mathrm{II}}}=-1.761+\frac{P_{\mathrm{I}}}{P_{\mathrm{II}}}1.594\log \qquad \cdots\cdots(2)$$

$$(.181)$$

B. バラッサは、この回帰式から、生産性比率（productivity ratio）の1%変化は、2国間の輸出額比率（ratio of export values）のほぼ1.6%を導く、と述べる。

そして、2変数（two variables）の相関係数（correlation　coefficient）は、0.86で、5%の信頼性の水準で、0.73－0.94の信頼性の範囲内にある、とする。さらに決定係数（the coefficient of determination）は0.74で、すなわち、これは輸出比率（export ratio）の変数の74%が相対的生産性較差（relative productivity differences）によって説明され得る、と述べる。

このB. バラッサの一連の検証は、リカードウ・モデルの実証研究の分野では、D. マクドゥガルと並んで画期的であったといえよう。[14)]

14）柳田義章著『労働生産性の国際比較研究』文眞堂　2002年　140～141ページ

第2章　日・韓両国の物的工業労働生産性の算定の具体的手順

本章は、行沢健三教授の開発された日米労働生産性の国際比較の算定方法を韓国に適用して、日・韓物的工業労働生産性の国際比較数値を得ようとされた柳田義章教授の業績を振り返るとともに、この研究の出発点である日・韓の品目別コード照合を示し、それらの照合が果たされた品目について算定を試みていく。

行沢教授は、この作業の信頼性・信憑性は「概念上ないし理論上求められる量的関係に使用可能な統計情報に基づいて、いかに近似的に対応した数値を得ようとしたかの作業方式の細目にかかっている」[1)] と指摘された。よって、この指摘に沿って可能な限り作業細目・算定手順をあきらかにする。

第1節　原資料および算定年度について

採用される統計資料について、柳田教授は著書の中でこう述べておられる。「この種の研究において、まず問われることは、どのような統計資料に基づいて算定が行われたか、ということである。算定の第1次資料として採用される統計資料が妥当・適切であるかどうかは、算定の結果の信頼

1)　行沢健三「日米工業の物的生産性比較細目－その1.一般方式とその詳述－」KIER7214，京都大学経済研究所，1972年11月，および行沢健三『労働生産性の国際比較－日米工業を中心として－』創文社，1975年

性・信憑性を左右する重要な出発点である。」[2] と。

1. 日本の原資料

日本については、『工業統計表』通商産業大臣官房調査統計部編（1999年版からは省庁再編にともなって、経済産業省経済産業政策局調査統計部編と変更）の1997年版、1998年版、1999年版がそれぞれ採用された。この統計表は、我が国の工業の実態を明らかにすることを目的に、明治42年以来、通商産業省（現在の経済産業省）によって毎年調査、公刊されている。またこの『工業統計表』は幾つかの種類に分類されており、「産業編」、「品目編」、「市町村編」、「用地・用水編」、「企業統計編」、「工業地区編」、「企業多角化等調査結果表」として刊行され[3]、本研究で採用される統計資料は「産業編」および「品目編」である。「産業編」では主として労働投入量の算定に使用し、「品目編」では算出生産量の算定に使用する。

例外的に、鉄鋼については『鉄鋼統計年報』[4] を、自動車については『主要国自動車統計』社団法人日本自動車工業会の1998年版、1999年版、2000年版を採用する。

2. 韓国の原資料

今回、韓国の工業労働生産性の算定に際しては、Report on Mining and Manufacturing Surveyの1997年版、1998年版、1999年版がそれぞれ採用された。韓国の諸統計書のなかで、製造業について最も包括的な情報が得られ、また直接的には、本論文での労働生産性の算定に必要とする生産量と投入労働量の基本数値が得られるからである。これは、毎年5人以上の全ての事業所について調査・報告され、またそれは、[全国篇]（whole

2）　柳田義章著『労働生産性の国際比較研究』文眞堂　2002年　87～88ページ
3）　柳田義章著『労働生産性の国際比較と商品貿易および海外直接投資』文眞堂　1994年　5～6ページ
4）　本論文では『鉄鋼統計年報』の入手ができなかったため、『工業統計表』の鉄鋼の項を代替することとした。

country)、［地域篇］（regional）から構成されている。ここで必要とする韓国労働生産性算定の基本数値である投入労働量に関しては、［全国篇］（whole country)、生産数量に関しては、［地域篇］（regional）から入手される。

報告書1982年版のPrefaceのなかで、「本報告書は、たとえば産出水準、生産性、投入・産出の関連性、といったような産業構造の研究をするさいの基礎的データを提供するものである。」[5] と述べられている。このことを踏まえて、生産性研究のために本報告書を第1次統計資料として採用することは妥当かつ適当であると判断することができよう。

したがって、本論文では、このMining and Manufacturing Surveyの［全国篇］（whole country）および、［地域篇］（regional）に基づき韓国労働生産性の算定を試みることにする。

第2節　日・韓コード照合

第1節で算定のための第1次資料を日韓両国において確定した。次に成すべき事は、日・韓比較対象品目をどのように選定するかということにある。その場合、「量的にのみ比較の可能な同質でなるべく単一な生産品目について」[6] 選定することが重要である。この原則に従い、韓国の産業統計分類と日本のそれとを照合する作業が不可欠となる。ここで解決しなければならないのが、両国の産業統計分類の方法が異なっている点である。

そこでまず、韓国について検討する。ここでは、1997年の鉱工業統計調査報告書による品目名；小麦粉を例にとると、8桁コード番号15312101 Flour of wheatが与えられている。そしてこの水準で小麦粉の出荷数量と

5)　Report on Mining and Manufacturing Survey, 1982, Preface

6)　行沢健三著『労働生産性の国際比較－日米工業を中心として』創文社　1975年　27ページ

出荷金額が記載されている。次にこのコードを下から3桁遡ると、15312 milling of cerealsが示され、さらに1桁づつ遡っていくと1531 grain mill product、153 grain all product、15 Food product and beveragesとなり、最後にD：Manufacturingとなる。つまり、全ての品目は、D：Manufacturingから始まり、コードが細分化されて分類されている。なお、小麦粉の投入労働量は、コード番号15312 milling of cerealsの水準で入手できる。ちなみに、1999年からコードの変更が実施され、小麦粉についてはD15312101となった。この例では「D」が先頭に付加されただけである。しかし、数多くの品目についてコード番号の変更がなされた為、1998年の品目別コード番号と1999年のそれを再び照合するという作業が必要となったが、コード番号の変更があった1999年以降においても、上記の分類法は変わっていないため大きな問題とはならなかったのは幸いであった。

次に日本である。日本の産業統計分類(標準産業分類)は、日本独自に、大分類、中分類、小分類、細分類という方法で分類され、十進法に基づいて、各段階にコードが与えられている。投入労働量は4桁の産業コードで見出され、品目の生産数量は6桁コードで見出される。

したがって、日・韓労働生産性比較対象品目を選定するという具体的作業は、韓国の8桁コード（1999年以降は「D」も含めた9桁コード）と日本の6桁コードの品目統計とを照合することである。すなわち、韓国と日本の膨大な生産品目を照合するという作業が必要になってくる。両国の「生産品目対応表」が存在していれば、この作業に何ら問題はないのであるが、残念ながらそういったものは存在しない。そこで柳田教授は、日・韓労働生産性の国際比較を断念しないという方向で取り組まれ、両国の膨大な生産品目を逐一照合してゆく作業を行われた。筆者は柳田教授の業績に敬意を払いつつ、この研究テーマを引き継がせて頂く立場から、教授の作成された日・韓コード照合表を活用させていただき、さらに韓国の1999年のコード変更分を付け加えることとする。

その場合、「量的にのみ比較の可能な同質でなるべく単一な生産品目」[7] について得ることが原則である。作業はまず、1997年の韓国Report on Mining and Manufacturing Surveyと日本の『工業統計表』の生産品目のコード照合が行われ、続いて1998年、1999年の各年度について行われた。

作業の過程でいくつかの問題点が発生した。例えば、コード照合が果たされても、「量的にのみ比較可能な」という条件を満たさない品目、単位換算が不能な品目、当初から生産数量が与えられていない品目、また、specialization ratioが極小で算定誤差の入り込む可能性が大きい品目、などがそれである。こうした品目は、当然、実際の算定に際しては算定対象品目から除外している。[8]

ここでは、「表1　日・韓コード照合表」（日本については1999年、韓国については1998年、1999年）を提示することにする。日・韓労働生産性算定対象品目は、1999年で80品目が選定された。

この作業段階において「同質でなるべく単一の生産品目」の照合・選定という原則は、いわば努力目標というべきで、必ずしも正確にかつ十分にコード照合が果たされたとは言えない。言うまでもなく、コード照合は労働生産性の国際比較の出発点であり、また結果を左右する重要な要素だけに絶え間なく改良・改善の必要があろう。[9]

次のページに日・韓コード照合表を示す。

第3節　算定の基本方式

前節のコード照合によって選定された比較対象品目のそれぞれについて、行沢教授の方法を適用して、労働生産性の算定を試みるものであるが、

7）6）と同じ。
8）柳田義章著『労働生産性の国際比較研究』文眞堂　2002年　90ページ
9）柳田義章著『労働生産性の国際比較研究』文眞堂　2002年　90～91ページ

表2-1　日・韓コード照合表（1998・1999年）

品　目　名	品目コード		
	日本　1999年	韓国　1998年	韓国　1999年
食料品部門			
水産品缶詰	122111-12	15123101-06	D15122401 D15122301-04 D15122402
小麦粉	126311	15312101	D15312101
果実酒	132111	15523101	D15529101
澱粉	129211	15321101	D15321101
バター	121212	15205101	D15201401
チーズ	121213	15205102	D15201402
練乳・粉乳	121211	15201101 15202201-02 15202100	D15201101 D15201201-03
ショートニング油	128311	15143202	D15143302
マーガリン	128312	15143201	D15143301
野菜缶詰（マッシュルーム）	123111	15131201	D15139101
醤油・アミノ酸	124211	15454101	D15452101
ブドウ糖・グルコース	125311	15322101-02	D15322101-02
ビール	132211	15532101	D15532101
人造氷	134111	15541100	D15541100
繊維・衣服部門			
綿紡糸	142111-12	17112104-05	D17102202
毛紡糸	142311-14	17113102-05	D17103201-04
毛織物	144111,12,21,29	17118101-04	D17203101-04
男子・少年用背広服上着	151111	18121101	D18111101
オーバーコート類	151113	18121102	D18111102
男子・少年用背広服ズボン	151112	18124104	D18111104
婦人・少女用ブラウス	151211	18122103	D18112103
絨毯	149611-12	17220101	D17920101
ワイシャツ	151411	18124101	D18141101
T-シャツ	152212	18124102	D18141102
ストッキング	156412	17302101	D17322101
作業用ニット手袋	156513	17305101	D17329101
木材・パルプ部門			
洋紙	182111-13	21013100 21014101-04	D21121100 D21122101-03
板紙	182211-18	21015101	D21123101

品　目　名	品目コード 日本　1999年	 韓国　1998年	 韓国　1999年
化学・石油部門			
プラスチック	203711-24	24132501-06	D24152501-06
合成繊維系	204211-16	24301101-03	D24401201-03
		24301201-03	D24401301-03
		24301301-03	
印刷インキ	205511-13	24224101-09	D24323101-04
ゼラチン・接着剤	209411-12	24293101-02	D24393101-02
アンモニア	201112	24121203	D24141203
家庭用石鹸	205211-12	24242101-02	D24332101-02
界面活性剤	205311-13	24243102	D24331100
合成ゴム	203811	24131101-07	D24151101-07
染料	203631-38	24114101-11	D24132201-11
石油化学系基礎製品	2031	24116101- 02,05,06,07	D24111101- 02,05,06,07
カルシュウム・カーバイド	202211	24112806	D24129506
自動車ガソリン	211111	23210101	D23210101
灯油	211114	23210103	D23210103
ナフサ	211112	23210104	D23210104
ゴム・皮革部門			
乗用車用タイヤ	231113	25111101	D25111101
乗用車用チューブ	231118	25111201	D25111201
再生ゴム	239511	25191101	D25191101
男子用革靴	244111-14	19201101	D19301101
なめし皮製旅行かばん	246111	19121102	D19211102
なめし皮製ハンドバッグ	247211	19122100	D19212101
窯業部門			
セメント	252111	26941201-02	D26311201-02
石灰	259711-12	26942101-02	D26312101-02
石膏プラスタ	259613	26943100	D26313100
鉄鋼部門			
鉄鋼	26	271	D271
非鉄金属部門			
鉛地金	271911	27213101	D27213101
亜鉛地金	271311	27214100	D27213201
アルミ地金	271613	27212101	D27212202
金地金	271912	27219400	D27219302
さお銅	271112	27231101	D27221101

品　目　名	品目コード 日本　1999年	韓国　1998年	韓国　1999年
アルミニュウム合金	273311-13	27222101	D27212201
アルミニュウム線	274118	27232102	D27222101
亜鉛合金	272211	27229201	D27213202
アルミ圧延・押し出し品・はく	273312	27232103	D27222103
銅・銅合金・鋳物	275111	27322100	D27322100
アルミ鋳物	275211	27321100	D27321100
金属製品部門			
ドラム缶	284314	28991202	D28991202
リベット	288111-12	28994104	D28941104
鉄製金網	287911	28995101	D28942101
釘	287111-12	28994101	D28941101
炊飯器		28992406	D28993406
電気機器部門			
テレビ受信機	304312	32300101-03	D32300101-03
ラジオ受信機	304311	32300201	D32300301
カーステレオ	304414	32300203	D32300303
レコーダー	304413	32300205	D36929202
洗濯機	302134	29302101	D29519201
扇風機・換気扇	302131	29303101-02	D29519301-02
電話機	304111	32201102-04	D32201101-03
ジューサー	302137	29309103	D29519403
蓄電池	309111-13	31402101	D31402101
一般照明電球	303111	31502105	D31510203
ビデオ	306211	32300112	D32300201
電気がま	機械統計年報	29304103	D29511102
トースター	機械統計年報	29304106	D29511105
電気毛布	機械統計年報	29304301,05	D29511301,05
アイロン	機械統計年報	29304302	D29511302
電気温水器	機械統計年報	29304304	D29511304
電気かみそり	機械統計年報	29305101	D29512101
ヘアドライヤー	機械統計年報	29305104	D29512104
食器乾燥器	機械統計年報	29309107	D29519407
ヂスクプレイヤー	機械統計年報	32300303	D32300403
ステレオヘッドフォン	機械統計年報	32300402	D32300502
自動車部門			
自動車	主要国自動車統計		

その際、労働生産性の国際比較の基本概念について述べる必要があるが、それについては、第1章　第2節「行沢健三教授の労働生産性国際比較の基本概念」を参照していただきたい。

さて、その上で、物的工業労働生産性の算定は、基本的には、各品目について、生産数量を投入労働量で割るのであり、したがって、各品目について、各国統計表からそれぞれ生産数量および投入労働量の具体的数値を得ればよい。[10] しかし、日本と韓国の場合、産業統計と品目統計との食い違いに由来して必要とする数値が直接的に得られないという問題が発生する。同様な問題は、すでに日・米労働生産性算定に際しても、行沢教授の直面されたことであったが、これに対して問題の解決方法を次のように示された。(ただし、ここでは例としてアメリカがとってあるが、韓国や日本においても同様と考える。)

表2-2　産業と出荷額等仮設例

	u）産業A	v）産業B	w）品目の総出荷額	x）品目の生産数量
a）品目A	1,000ドル	100ドル	1,100ドル	**150トン**
b）品目B	300ドル	900ドル	1,200ドル	**250トン**
c）産業の総出荷額	1,300ドル	1,000ドル		
d）産業の労働者数	**100人**	**150人**		

（出所：行沢健三『労働生産性の国際比較』創文社，43ページ）

産業と品目の食い違いは、工業調査の際に事業所を主たる出荷品目に応じて各産業に分類するという方式に基づく。したがって、産業Aに属する事業所は、副産物として品目Bも生産するなどのことが生じるのである。そこで、品目Aについていえば、表に太文字で示した金額にして1,000ドルに当たる分の生産数量とちょうどその生産のために投入された労働量とを

10）柳田義章著『労働生産性の国際比較研究』文眞堂　2002年　90～91ページ

次の算式によって推計することによって、この食い違いの問題の解決が図られた。要するに、生産数量の産業間への配分および投入労働者の生産品目間の配分は出荷額に比例しているとの想定がなされたわけである。

$$q^{a}\left(\begin{array}{l}\text{品目Aの産業Aに}\\\text{おける生産数量}\end{array}\right)=150(\text{トン})\times\boxed{\frac{1{,}000(\text{ドル})}{1{,}100(\text{ドル})}}\text{ ―― 〔1〕}$$

$$l^{a}\left(\begin{array}{l}\text{産業Aで品目Aの生産}\\\text{に投入された労働量}\end{array}\right)=10(\text{トン})\times\boxed{\frac{1{,}000(\text{ドル})}{1{,}300(\text{ドル})}}\text{ ―― 〔2〕}$$

（出所：柳田義章『労働生産性の国際比較と商品貿易および海外直接投資』文眞堂、19ページ）

行沢教授はこれを、「算定の一般方式」と名付けられた。なお、生産数量の産業間配分比率、仮設例では点線でかこった部分〔1〕を、Coverage Ratio、投入労働者の生産品目間への配分比率、仮設例では点線でかこった部分〔2〕をSpecialization Ratioと名付けている。[11)]

韓国の場合、この問題に加えて、Coverage ratioおよびSpecialization ratioともに得られない事情がある。そこで、この問題の解決を、Coverage ratioを100％と想定することに求める。その根拠として、行沢教授の日・米工業労働生産性の具体的算定におけるCoverage ratioが多くの品目で80%～100%の値を示していることに起因する。Specialization ratioについては、統計書に示されている品目の出荷額を分子とし、産業の出荷額を分母とすることで得ることができる。

ところがこの想定から派生する問題点が2点浮かび上がる。第1点は生産数量の過大評価、第2点にSpecialization ratioの過大評価である。しかし、この両者は起こりうる問題を相乗的に拡大することはない。その理由は、後述する比較方式の細目でも触れるが算定手順の過程にみることができる。Specialization ratio を求める際の分子が、Coverage ratioを100％する

11）柳田義章著『労働生産性の国際比較と商品貿易および海外直接投資』文眞堂　1994年　19ページ

ことで、過大に見積もられており、したがって、Specialization ratioが過大に評価され、ひいては投入労働量の過大評価につながる。このように、過大評価された生産量を、同様に過大評価された投入労働量で割ることにより、誤差は相乗的に拡大するよりも、逆に相殺的に作用することであろう。だが、このことによってもなお誤差が生じるのは確かで、Coverage ratio＝100％の想定がこの算定作業の難点であることを免れることはできない。

第4節　比較方式の細目（韓国編）

前節での基本方式に基づき、韓国の1999年のReport on Mining and Manufacturing Surveyによる小麦粉の生産数量および投入労働量の具体的出典を明らかにする。

(1)　生産数量の数値の出典

Report on Mining and Manufacturing Survey（regional）、Ⅱ .By Commodities、Ⅱ－1.Number of Establishments、Quantity and Value of Shipments of Products by Provinceのコード番号D15312101 Flour of WheatのShipment；Quantityが出荷数量およびShipment Valueが数量対応出荷金額（＝生産額）の数値となる。

(2)　投入労働量の数値の出典

Report on Mining and Manufacturing Survey(whole country)、Ⅰ.Industrial Summary、Ⅰ－4.Summary Figures by Size of Workers and Sub-group of Industry のコード番号D15312 Milling of cerealsのNo. of workersの項目から従業者数（投入労働者数）を得る。

これを基本表としてまとめると以下のようになる。

表2-3　細目基本表・小麦粉（1999年）：韓国

a）品　目 コード	b）品目の 生産量	単位	c）産業の 従業者数	d）C.R.	e）品目の 出荷額	f）産業の 出荷額
D15312101	2043951	MT	2006 人	100％	692933	948002
g）S.P.	h）算定生 産量	i）算定従業者数		j）労働生産性		
73％	2043951	1466 人		1393 MT/人		

a）品目コード；

小麦粉の品目コード

b）品目の生産量；

Report on Mining and Manufacturing Survey（regional）、Ⅱ.Product Statistics、Ⅱ－1.Number of Establishments、Quantity and Value of Shipments of Products by Provinceのコード番号D15312101 Flour of WheatのShipment；Quantityの数値。472page.単位MTはmetric ton.

c）産業の従業者数；

Report on Mining and Manufacturing Survey（whole country）、Ⅰ.Industrial Statistics、Ⅰ－4.Summary Figures by Employment Size of Establishments and Sub-Classes of Industry のコード番号D15312 Milling of cerealsのNo. of workersの項目から産業の従業者数を採る。126－127page.単位は人数。

d）C.R.；

Coverage Ratio　韓国の統計報告書には、Coverage Ratioが与えられていないので、これを100％と仮定する。この仮定の論拠および問題点については前節を参照。

e）品目の出荷額；

Report on Mining and Manufacturing Survey(regional)、Ⅱ. Product Statistics、Ⅱ－1.Number of Establishments、Quantity and Value of Shipments of Products by Provinceのコード番号D15312101 Flour of

WheatのShipment; Valueの数値。472page.

f）産業の出荷額；

Report on Mining and Manufacturing Survey(whole country)、Ⅰ.Industrial Statistics、Ⅰ－4.Summary Figures by Employment Size of Establishments and Sub-Classes of Industryのコード番号D15312 Milling of cerealsのValue of Shipment and Other ReceiptsのTotalから数値を得る。

g）S.P.；

Specialization Ratio. e）÷ f）

h）算定生産量；

b）× d）

i）算定従業者数；

c）× g）

j）労働生産性；

h）÷ i）

算定比較対象品目として選定された80品目の大部分は、以上の「算定の基本方式」の「小麦粉のケース」に準拠して算定が行われたが、この「小麦粉のケース」は最も単純な算定の例示であり、実際の算定にさいしては、それぞれの品目について、それぞれの問題が付着している。さらに鉄鋼、自動車については、生産数量を得るためにウェイト等の適用が必要であったりする。ここでその詳細について述べるには、余りにも微細・煩雑すぎるので割愛する。12)

12）比較方式の細目（韓国編）については形式等で、柳田義章著『労働生産性の国際比較研究』文眞堂　2002年　92～93ページを多分に参考にさせていただいた。

第5節　比較方式の細目（日本編）

第3節の基本方式に基づき、日本の1999年の『工業統計表』による小麦粉の生産数量および投入労働量の具体的出典を明らかにする。以下にその細目基本表を示し、できるだけ詳細に説明する。

表2-4　細目基本表・小麦粉（1999年）：日本

a）品　目 コード	b）生産数量				c）C.R.
	1）当該年 出荷量	2）当該年 在庫量	3）前年末 在庫量	4）当該年 生産量	
126311	5205591	209513	222077	5193027	0.8948
d）算　定 生産量	e）従業 者数	f）S.P.	g）算定従 業者数	h）労　働 生産性	単位
4646721	5566 人	0.829	4619 人	1006 ton/人	ton

a）品目コード；

小麦粉の品目コード

b）生産数量；

1）当該年出荷量；

平成11年『工業統計表』品目編、4ページ、第1部製造品に関する統計表、1.品目別出荷および産出事業所数（従業者4人以上の事業所）、126311の出荷数量、から数値を得る。

2）当該年在庫量；

平成11年『工業統計表』品目編、第1部、7.品目別在庫及び事業所数（従業者30人以上の事業所）433ページ、の126311小麦粉の項から数値を得る。ただし、従業者30人以上の事業所なので、1）の当該年出荷量と対応するように修正しなければならない。そこで、修正の方法は以下のとおりである。在庫数量の従業者規模別事業所間への配分は、出荷額に比例する、という想定のもとに、第1部、1.品目別出荷および産出事業所数（従業者4人以上の事業所)、126311小麦粉から出荷金額413,121（百万円)、4ページ、を得て分子とする。さらに、第1部、4.品目別、従業者規模別事業所数及び出荷額（従業者4人以上の事業所)、126311小麦粉（319ページ)、から従業者数20人～99人の出荷額の数値245,629（百万円）と従業者数100人以上の出荷額の数値153,714（百万円）の総和を得て分母とする。（従業者30人以上の事業所の数値は取り得ないので、20人以上のそれを代替する。）こうして、修正率1.035を乗じて在庫量の修正値を得る。

3）前年末在庫量；

平成11年『工業統計表』品目編、から同様の手順で修正値を得て、前年末在庫量の数値を得る。

4）当該年生産量；

1）＋2）－3）

c）C.R.；

Coverage Ratio（産出率）　平成11年『工業統計表』品目編、第1部、5.品目別出荷における産業別事業所数及び出荷額（従業者10人以上の事業所)、126311小麦粉、の項から1263小麦粉製造業の産出率を得る。（350ページ)。

d）算定生産量；

4）×c)

e）従業者数；

平成11年『工業統計表』産業編、1.産業別統計表、(1)従業者4人以上の事業所に関する統計表（産業細分類別)、1263小麦粉製造業、から数値をとると、5,566人である。

f）Specialization Ratio（代表率)；

平成11年『工業統計表』品目編、第1部、製造品に関する統計表、6.産業別出荷製造品に関する統計（407ページ）の1263小麦粉製造業、126311小麦粉の出荷額の数値をとり、これを分子とする。産業編、1.産業別統計表、(1)従業者4人以上の事業所に関する統計表(産業細分類別)（4ページ)、1263小麦粉製造業の製造品出荷額の数値をとり、これを分母とする。こうして、代表率82.9%を得る。なお、品目編（407ページ）の出荷率は、83.62%でほぼ同じ数値を示している。したがって、行沢方式による代表率とここの出荷率とは近似的概念といえるであろう。

g）算定従業者数；

　e）×f）

h）労働生産性；

　d）÷g）

算定比較対象品目として選定された80品目の大部分は、以上の「算定の基本方式」の「小麦粉のケース」に準拠して算定が行われたが、この「小麦粉のケース」は最も単純な算定の例示であり、実際の算定にさいしては、それぞれの品目について、それぞれの問題が付着している。さらに鉄鋼、自動車については、生産数量を得るためにウェイト等の適用が必要であったりする。ここでその詳細について述べるには、余りにも微細・煩雑すぎるので割愛する。[13)]

13）比較方式の細目（日本編）については形式等で、柳田義章著『労働生産性の国際比較と商品貿易および海外直接投資』文眞堂　1994年　20～22ページを多分に参考にさせていただいた。

第3章　日・韓国際個別生産性指数と日・韓国際総合生産性指数の算定結果と比較優位・比較劣位構造の検出

第2章での「日・韓両国の物的工業労働生産性の算定の具体的手順」に示された算定方法にしたがって、柳田教授の算定された1997年および、それに接続する形で1998年、1999年の日本と韓国の労働生産性を算定・追加し、それぞれの数値を比較した結果は以下に示してゆく。

第1節　日・韓国際個別生産性指数の概念と算定結果

「表2-1　日・韓コード照合表（1998・1999年）」に基づいて1997年では62品目、1998年では53品目、1999年では59品目が算定された。

その際、それぞれの品目について、韓国および日本の1人当たり物的生産性

$$p^i = q^i / l^i$$

（出所：柳田義章著『労働生産性の国際比較研究』文眞堂　2002年　95ページ）

を算定し、韓国を基準国（＝100）とする日本の生産性水準を表す国際個別生産性指数、すなわち、

$$p^i_{10} = \frac{q^i_1}{l^i_1} \Big/ \frac{q^i_0}{l^i_0} \; (= p^i_1 / p^i_0)$$

（出所：柳田義章著『労働生産性の国際比較研究』文眞堂　2002年　95ページ）[1)]

を求めた結果が、以下の「表3-1　日・韓国際個別生産性指数」にまとめ

られている。

表3-1　日・韓国際個別生産性指数

産業部門および品目	労働生産性指数		
	1997	1998	1999
食料品部門			
水産品缶詰	459	311	280
小麦粉	308	78	72
澱粉	132	—	312
バター	171	92	57
チーズ	187	143	88
練乳・粉乳	39	37	23
ショートニング油	169	89	117
マーガリン	135	82	109
ビール	144	97	45
人造氷	142	228	210
繊維・衣服部門			
綿紡糸	82	108	122
毛紡糸	112	177	84
毛織物	16	62	32
男子・少年用背広服	64	44	106
男子・少年用オーバーコート	110	152	84
背広服ズボン	27	152	61
絨毯	68	81	66
ワイシャツ	101	76	111
T-シャツ	228	65	28
ストッキング	64	185	15
作業用ニット手袋	87	126	89
紙・パルプ部門			
洋紙	136	66	80
板紙	197	200	180

1)　p^i_{10}: 日・韓国際個別生産性指数　q^i_1: 日本の算定生産量　l^i_1: 日本の算定従業者数　q^i_0：韓国の算定生産量　l^i_0：韓国の算定従業者数　p^i_1：日本の労働生産性　p^i_0：韓国の労働生産性

産業部門および品目	労働生産性指数		
	1997	1998	1999
化学・石油部門			
プラスチック	79	113	84
合成繊維糸	22	74	51
印刷インキ	—	—	86
ゼラチン・接着剤	370	660	209
家庭用石鹸	87	166	76
界面活性剤	144	53	154
合成ゴム	40	27	25
染料	108	—	—
石油化学系基礎製品	212	—	—
自動車ガソリン	119	74	58
灯油	357	176	584
ナフサ	285	272	364
ゴム・皮革部門			
乗用車用ﾀｲﾔ	150	189	167
自動車チューブ	29	—	12
男子用革靴	214	124	185
なめし皮製旅行かばん	28	25	26
なめし皮ハンドバッグ	44	66	64
窯業部門			
セメント	269	186	121
石灰	186	177	134
石膏プラスタ	72	75	82
鉄鋼部門			
鉄鋼	112	100	77
鋳鉄管・そ銑鋳物	185	117	246
鋳鋼	56	54	46
可鍛鋳鉄	84	107	121
非鉄金属部門			
鉛地金	50	—	—
亜鉛地金	49	—	60
金地金	359	—	133
アルミ圧延・押しだし	215	207	136
銅・合金・鋳物	298	82	37
アルミ鋳物	3	108	98

産業部門および品目	労働生産性指数		
	1997	1998	1999
金属製品部門			
リベット	160	108	94
鉄製金網	71	—	—
釘	134	97	85
電気機器部門			
テレビ受信機	70	178	66
ラジオ受信機	48	39	73
洗濯機	178	271	90
扇風機・換気扇	35	24	8
一般照明電球	10	—	759
電話機	68	186	127
自動車部門			
自動車	152	175	117

（韓国＝100）

表中、空欄の箇所が幾つかあるが、不採用になった理由には、（イ）いずれか一方の国で数量表示がなかったために比較不能であったこと、（ロ）算定にさいして投入労働量が極端に少量であったため算定の信憑性に問題があるとみなされて除外したこと、（ハ）両国の生産性較差が極端に大であり、比較するに不適当と思われる品目を除外したということにある。このうち、（ロ）と（ハ）は、要するに算定誤差の要因になりそうな品目を除外したということである。[2)]

したがって、各年度について、コード照合が果たされても、全ての品目について比較結果が得られたわけではなく、また、比較対象年度の1999年にコード変更が行われたための状況変化に伴って、算定対象品目数の増減が生じてきた。

2）　柳田義章著『労働生産性の国際比較研究』文眞堂　2002年　96ページ

第2節　日・韓国際個別生産性指数の算定結果とその課題

さて、「表3-1　日・韓国際個別生産性指数」の数値の読み取り方については、絶対的な労働生産性の水準としてみたとき、韓国を基準（＝100）とする日本の労働生産性水準を表す国際個別生産性指数であるので、その取りうる数値により、3つに分類されるであろう。（相対的にみた労働生産性の比較優位・比較劣位構造については別で触れることとする。）

①ある品目の数値が100であれば、その品目については、日本と韓国の労働生産性水準は同水準であることを意味する。

②ある品目の数値が100を下回れば、韓国の労働生産性水準は日本を上回っていることを意味する。

③ある品目の数値が100を上回れば、韓国の労働生産性水準は日本を下回っていることを意味する。

1997年について国際個別生産性指数をみると、較差3から較差459、すなわち韓国を基準とする日本の労働生産性水準は、倍率にして、0.03倍から4.59倍の間に散らばっていた。そして、②のケースは、62品目中27品目となっており、全品目のおよそ43.5％を占めた。この時点で韓国の労働生産性水準は、日本に迫る勢いであった。このデータから推測するに、韓国の日本に対する国際競争力は、嘗てなく強化されていったものと思われる。ところが、まさにこの直後にアジア経済危機が発生するのである。[3)]

次に、1998年についてであるが、前年に発生したアジア経済危機の影響を大きく受けたこの年度は、韓国の経済成長率などの各種主要経済指標は軒並み前年度を下回る値を示した。[4)] そうしたなかで、国際個別生産性指数をみると較差24から較差660、倍率にして、0.24倍から6.6倍に散らばっ

3)　柳田義章著『労働生産性の国際比較研究』文眞堂　2002年　98ページ

ており、その範囲は、1997年よりも拡大し、②のケースは53品目中24品目であった。その割合は、およそ45.3%と増大していたのである。これは予想外であった。アジア経済危機が発生したのが1997年の7月であり、韓国へと波及したのがおよそ10月下旬とされている。そのため、経済的に直接の影響が強く現れたのは、1997年よりもむしろ1998年であったことは、その他経済指標からも容易に推測が可能なはずである。したがって、日・韓国際個別生産性指数においても、対日本の相対的な数値であるにせよ、韓国の方が高い労働生産性水準の割合が減少すると考えるのが妥当ではないだろうか。しかし、今回の算定結果が示したのは若干であるが②のケースが増えたということである。この結果については、後に統計分析などを行いさらに詳しく検討することにする。

1999年では、較差8から較差759、倍率にして、0.08倍から7.59倍に散らばっており、その範囲は比較前年度よりもさらに拡大しており、②のケースは59品目中35品目であった。この算定年度について注目すべきなのは②のケースの数が激増しており、ついには日本を追い抜いていることである。この年度は、前年度よりも比較対象品目が増加したという事情もあるが、それにしてもその増え方が急激であり、全品目のおよそ59.3%とほぼ6割を占めるということは、日・韓労働生産性較差の水準に大幅な変動が起こっていたということを示唆するものであろう。

この論文の重要なテーマである、アジア経済危機後の韓国経済を検討するのに、上記の結果は大きな難問を投げかけるものとなった。柳田教授は、1997年までの算定をなされた上でその著書に「韓国の日本に対する輸出競争力は、嘗てなく強化されていったものと思われる。ところが、まさにこの直後にアジア経済危機が発生するのである。このアジア経済危機のさな

4)　実質GDP：前年比▲6.7%，民間消費：前年比▲11.4%，総固定資本形成：前年比▲21.2%，財政収支：▲94.3億ドル，失業率：97年2.6%⇒98年6.8%等
（出所：経済企画庁調査局編『アジア経済2000』大蔵省印刷局　2000年　152ページ　第3-2-1表　韓国の主要経済指標）

か、およびその後、韓国の日本に対する労働生産性の相対水準がどう変化したのか、しなかったのか、現在の時点では、統計資料の発行年度の制約上算定に成功していないので不明である。」[5] と述べられた。幸い本論文においては1998年、1999年の統計資料を入手でき、ほぼ滞りなく算定作業が行えた。よって、柳田教授が提起された課題を少しでも明らかにすることができるのではないかと思う。

第3節　日・韓国際個別生産性指数に基づく比較優位・劣位構造の検出－JMPによるクラスター分析－

第2節で、日・韓国際個別生産性の数値を、絶対的な労働生産性の水準で、つまり韓国を基準（＝100）とした数値を目安に3パターンに分類した。しかし、この分類方法ではリカードウの比較生産費説にそぐわないので、相対的な水準で分類する必要がある。そこで、「表3-1　日・韓国際個別生産性指数」の数値について、各年度の日・韓両国の比較優位・比較劣位構造を分類することにする。その際に分類する基準として、日・韓国際総合生産性指数（C）の調査全部門の数値（総合値）を用いるが、その数値については、第4節の「表3-2」から得る。1997年は「126」、1998年は「130」、1999年は「100」であり、これを基準にして各年度の日・韓両国の比較優位・比較劣位構造を以下の3通りに分類する。

①ある品目の日・韓国際個別生産性指数が基準値と同じであれば、その品目については、日本と韓国の比較同位品目であることを意味する。[6]

②ある品目の日・韓国際個別生産性指数が基準値を下回れば、日本の比

5）柳田義章著『労働生産性の国際比較研究』文眞堂　2002年　98ページ

6）厳密には、日・韓国際総合生産性指数(C)の調査全部門の数値（総合値）と同じ値のものを比較同位とするが、大まかに3つのグループ(比較優位、比較同位、比較劣位)に分類する際には、基準値に近い数値のものを比較同位とする。

較劣位品目（＝韓国の比較優位品目）であることを意味する。

③ある品目の日・韓国際個別生産性指数が基準値を上回れば、日本の比較優位品目（＝韓国の比較劣位品目）であることを意味する。

1997年について国際個別生産性指数をみると、②に該当する、つまり韓国の比較優位品目は、62品目中33品目となっており、全品目のおよそ53.2％を占めた。そして、③に該当する、つまり韓国の比較劣位品目は、62品目中29品目であった。この時点で韓国の比較優位品目数は、日本を追い抜いていた。このデータから推測すると、韓国の日本に対する輸出競争力は、嘗てなく強化されていったものと思われる。

次に、アジア経済危機の影響を大きく受けた1998年については、②のケースは53品目中33品目でその割合は、およそ62.3％と増大していた。また③のケースは、53品目中20品目であった。この年度は、前年度よりも比較対象品目が減少したという事情があるが、韓国の比較優位品目の割合が増加している。この結果は、上記の絶対的な水準で分類したときのものと、問題を共有するものであるので、やはり、統計分析を行い、その背景をより探ることが必要であろう。

1999年では、②のケースは59品目中35品目であった。この算定年度については②のケースの数が増加している。この年度は、前年度よりも比較対象品目が増加したという事情があり、その割合については、全品目のおよそ59.3％と若干その値は前年度を下回っているものの、ほぼ6割を維持した。ちなみに、③のケースは59品目中24品目であった。

次節では、これらの各年度について、統計分析ソフト「JMP」によるクラスター分析[7]を実施する。

ここでクラスター分析を行う目的は、各年度における、日・韓国際個別生産性指数をもとにした、各品目の分類（比較優位、比較同位、比較劣位の

7）クラスター分析は、観測対象をいくつかのグループ（クラスター）に分類するための手法で、観測対象が小規模な場合は階層型分類法、観測対象が大規模な場合はK-means法を利用するが、ここでは、階層型分類法で分析を行う。

どこに分類されるのか）を行うことで、より詳しく比較優位・劣位品目を検出することにある。

第1項　クラスター分析<1997年>

1997年の日・韓国際個別生産性指数のクラスター分析による樹形図は図3-1のようになる。

以上の分析でクラスターを大きく3つのグループに分類した。

まず、「■」のグループに属する品目は、明らかに日本の比較優位品目（=韓国の比較劣位品目）である。ここに属する品目は、1:水産品缶詰、2:小麦粉、27:ゼラチン・接着剤、34:灯油、35:ナフサ、41:セメント、50:金地金、52:銅・合金・鋳物が挙げられる。

次に、「+」のグループに属する品目は、比較中位品目である。ここに属する品目は、3:澱粉、4:バター、5:チーズ、7:ショートニング油、8:マーガリン、9:ビール、10:人造氷、12:毛紡糸、15:男子・少年用オーバーコート、18:ワイシャツ、19:T-シャツ、22:洋紙、23:板紙、29:界面活性剤、31:染料、32:石油化学系基礎製品、33:自動車ガソリン、36:乗用車用タイヤ、38:男子用革靴、42:石灰、44:鉄鋼、45:鋳鉄管・そ銑鋳物、51:アルミ圧延・押しだし、54:リベット、56:釘、59:洗濯機、63:自動車が挙げられる。

次に、「×」のグループに属する品目は、明らかに日本の比較劣位品目（=韓国の比較優位品目）である。ここに属する品目は、6:練乳・粉乳、11:綿紡糸、13:毛織物、14:男子・少年用背広服、16:背広服ズボン、17:絨毯、20:ストッキング、21:作業用ニット手袋、24:プラスチック、25:合成繊維糸、26:印刷インキ、28:家庭用石鹸、30:合成ゴム、37:自動車チューブ、39:なめし皮製旅行かばん、40:なめし皮ハンドバッグ、43:石膏プラスタ、46:鋳鋼、47:可鍛鋳鉄、48:鉛地金、49:亜鉛地金、53:アルミ鋳物、55:鉄製金網、57:テレビ受信機、58:ラジオ受信機、60:扇風機・換気扇、61:一

図3-1　1997年の日・韓国際個別生産性指数のクラスター分析

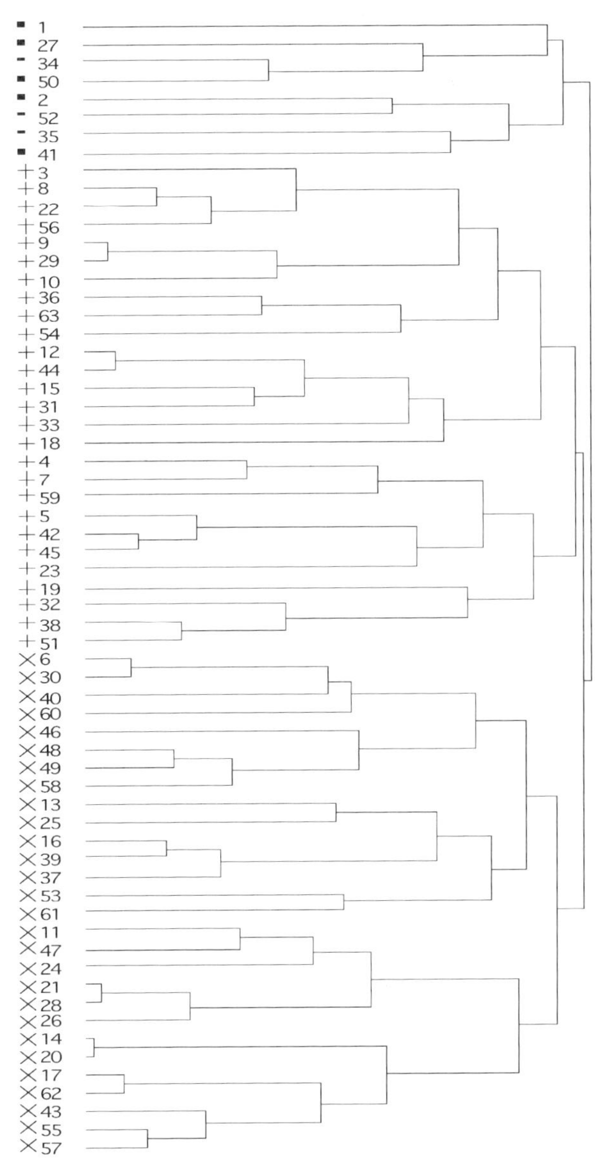

般照明電球、62:電話機が挙げられる。

第2項　クラスター分析＜1998年＞

1998年の日・韓国際個別生産性指数のクラスター分析による樹形図は図3-2のようになる。

以上の分析でクラスターを大きく3つのグループに分類した。

まず、「■」のグループに属する品目は、明らかに日本の比較優位品目（＝韓国の比較劣位品目）である。ここに属する品目は、1:水産品缶詰、35:ナフサ、59:洗濯機、61:一般照明電球が挙げられる。

次に、「＋」のグループに属する品目は、比較中位品目である。ここに属する品目は、3:澱粉、5:チーズ、10:人造氷、12:毛紡糸、15:男子・少年用オーバーコート、16:背広服ズボン、20:ストッキング、22:洋紙、28:家庭用石鹸、32:石油化学系基礎製品、34:灯油、36:乗用車用タイヤ、41:セメント、42:石灰、50:金地金、51:アルミ圧延・押しだし、57:テレビ受信機、62:電話機、63:自動車が挙げられる。

次に、「×」のグループに属する品目は、明らかに日本の比較劣位品目（＝韓国の比較優位品目）である。ここに属する品目は、2:小麦粉、4:バター、6:練乳・粉乳、7:ショートニング油、8:マーガリン、9:ビール、11:綿紡糸、13:毛織物、14:男子・少年用背広服、17:絨毯、18:ワイシャツ、19:T-シャツ、21:作業用ニット手袋、23:板紙、24:プラスチック、25:合成繊維糸、26:印刷インキ、29:界面活性剤、30:合成ゴム、31:染料、33:自動車ガソリン、37:自動車チューブ、38:男子用革靴、39:なめし皮製旅行かばん、40:なめし皮ハンドバッグ、43:石膏プラスタ、44:鉄鋼、45:鋳鉄管・そ銑鋳物、46:鋳鋼、47:可鍛鋳鉄、48:鉛地金、49:亜鉛地金、52:銅・合金・鋳物、54:リベット、56:釘、53:アルミ鋳物、55:鉄製金網、58:ラジオ受信機、60:扇風機・換気扇が挙げられる。

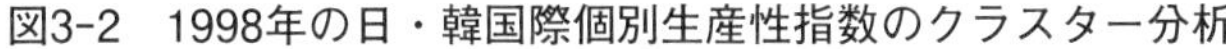

図3-2　1998年の日・韓国際個別生産性指数のクラスター分析

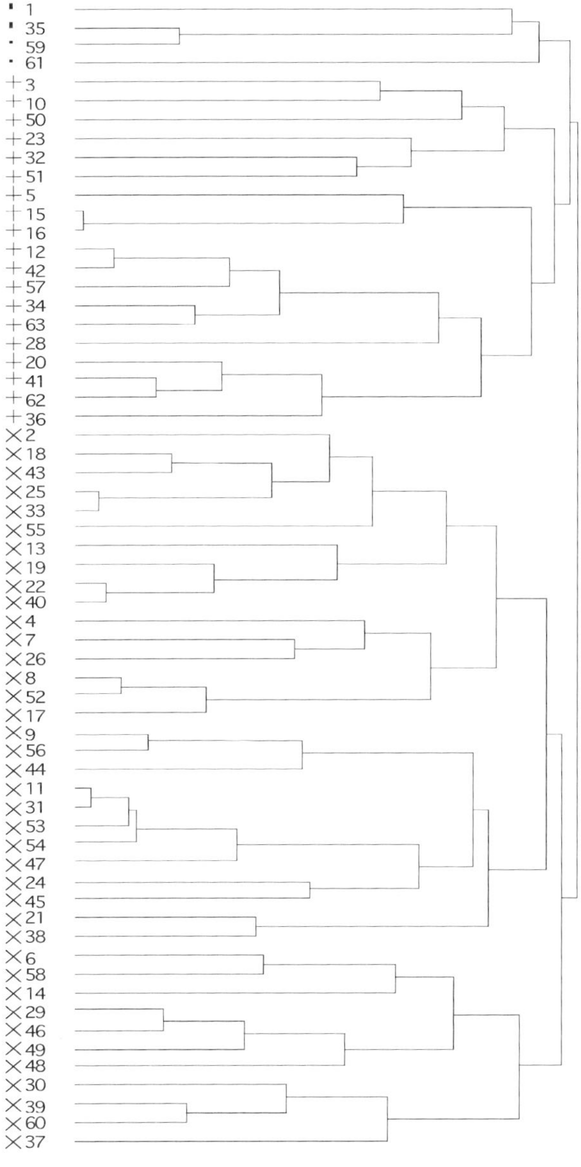

▪ 1
▪ 35
· 59
· 61
＋3
＋10
＋50
＋23
＋32
＋51
＋5
＋15
＋16
＋12
＋42
＋57
＋34
＋63
＋28
＋20
＋41
＋62
＋36
×2
×18
×43
×25
×33
×55
×13
×19
×22
×40
×4
×7
×26
×8
×52
×17
×9
×56
×44
×11
×31
×53
×54
×47
×24
×45
×21
×38
×6
×58
×14
×29
×46
×49
×48
×30
×39
×60
×37

第3項　クラスター分析<1999年>

1999年の日・韓国際個別生産性指数のクラスター分析による樹形図は図3-3のようになる。

以上の分析でクラスターを大きく3つのグループに分類した。

まず、「■」のグループに属する品目は、明らかに日本の比較優位品目（＝韓国の比較劣位品目）である。ここに属する品目は、1:水産品缶詰、3:澱粉、35:ナフサが挙げられる。

次に、「＋」のグループに属する品目は、比較中位品目である。ここに属する品目は、7:ショートニング油、8:マーガリン、10:人造氷、11:綿紡糸、14:男子・少年用背広服、18:ワイシャツ、23:板紙、27:ゼラチン・接着剤、29:界面活性剤、31:染料、32:石油化学系基礎製品、36:乗用車用タイヤ、38:男子用革靴、41:セメント、42:石灰、45:鋳鉄管・そ銑鋳物、47:可鍛鋳鉄、50:金地金、51:アルミ圧延・押しだし、62:電話機、63:自動車が挙げられる。

次に、「×」のグループに属する品目は、明らかに日本の比較劣位品目（＝韓国の比較優位品目）である。ここに属する品目は、2:小麦粉、4:バター、5:チーズ、6:練乳・粉乳、9:ビール、12:毛紡糸、13:毛織物、15:男子・少年用オーバーコート、16:背広服ズボン、17:絨毯、19:T-シャツ、20:ストッキング、21:作業用ニット手袋、22:洋紙、24:プラスチック、25:合成繊維糸、26:印刷インキ、28:家庭用石鹸、30:合成ゴム、33:自動車ガソリン、37:自動車チューブ、39:なめし皮製旅行かばん、40:なめし皮ハンドバッグ、43:石膏プラスタ、44:鉄鋼、46:鋳鋼、48:鉛地金、49:亜鉛地金、52:銅・合金・鋳物、53:アルミ鋳物、54:リベット、55:鉄製金網、56:釘、57:テレビ受信機、58:ラジオ受信機、59:洗濯機、60:扇風機・換気扇が挙げられる。

図3-3　1999年の日・韓国際個別生産性指数のクラスター分析

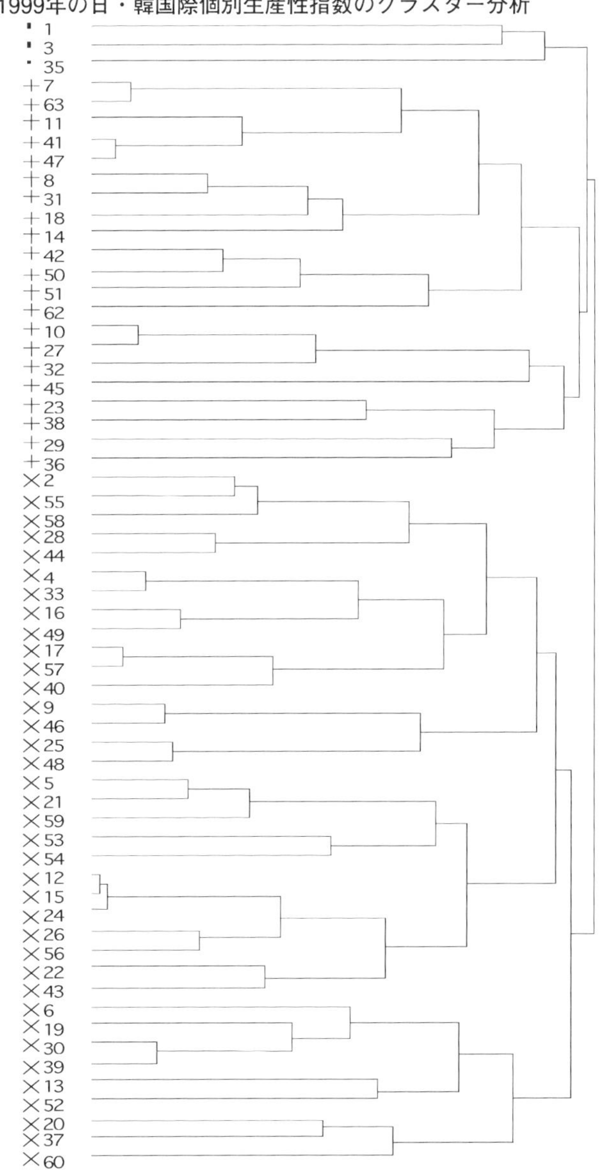

以上のクラスター分析をまとめると、

①日本の比較優位品目（＝韓国の比較劣位品目）の少なさであり、年度を追う毎にその数が減少していること。[8)]

②3年間を通して、各年度とも日本の比較劣位品目（＝韓国の比較優位品目）数が最も多いこと。[9)]

が主な特徴として挙げられ、各年度の日・韓国際個別生産性の比較優位・同位・劣位構造がみえてきた。

第4節　日・韓国際総合生産性指数の概念と算定結果

「表3-2　日・韓国際総合生産性指数」は「表3-1　日・韓国際個別生産性指数」を以下の行沢健三教授の開発された公式にしたがって各産業部門および全産業部門について総合したものである。

まずは、総合指数（A)、(B)、(C）の算定方法をのべる。

$$総合指数(\mathrm{A}) = \frac{\sum_i (p_1^i/p_0^i) l_1^i}{\sum_i l_1^i}$$

前節での国際個別生産性指数p^i（$= q^i/l^i$）を日本の雇用数をウェイトl_1として総合したもの。

$$総合指数(\mathrm{B}) = \frac{\sum_i l_0^i}{\sum_i (p_1^i/p_0^i) l_0^i}$$

8)　1997年：8品目→1998年：4品目→1999年：3品目

9)　1997年については、比較同位品目数が27品目、日本の比較劣位品目（＝韓国の比較優位品目）数が28品目。1998年については、比較同位品目数が19品目、日本の比較劣位品目（＝韓国の比較優位品目）数が39品目。1999年については、比較同位品目数が21品目、日本の比較劣位品目（＝韓国の比較優位品目）数が37品目。

同じく国際個別生産性指数$p^i = q^i / l^i$を韓国の雇用量をウェイトl_0として総合したもの。

$$総合指数(C) = \frac{\sum_i r_0^i (q_0^i + q_1^i)}{\sum_i r_1^i (q_0^i + q_1^i)}$$

総合指数(A)と総合指数(B)の生産物構成を等しくして総合したもの。総合指数(A)と総合指数(B)との平均と解せられる。[10)]

次に、算定結果としての日・韓国際総合生産性指数を［表3-2］に示す。

表3-2　日・韓国際総合生産性指数

	1997			1998			1999		
	A	B	C	A	B	C	A	B	C
調査全部門	131	97	126	143	107	130	106	87	100
食料品	190	93	151	125	70	102	105	56	80
繊維・衣服	95	55	72	95	108	98	69	55	61
紙・パルプ	155	140	153	95	71	91	103	84	94
石油・化学	100	42	67	85	34	54	90	113	95
ゴム・皮革	141	99	123	154	99	130	158	72	112
窯業	221	226	223	181	170	178	132	120	125
鉄鋼	112	105	110	102	97	101	87	74	86
非鉄金属	149	82	134	163	150	55	112	101	109
金属製品	84	99	87	100	100	100	88	87	88
電気機器	113	75	91	175	83	111	99	70	73
自動車	152	152	152	143	175	175	117	117	117

（韓国=100）

この「表3-2　日・韓国際総合生産性指数」の数値の読み取り方は、絶対的な労働生産性の水準としてみたとき、前述の国際個別生産性指数と同じく韓国を基準（＝100）とした日本の各産業部門および全産業部門の労

10）柳田義章著『労働生産性の国際比較研究』文眞堂　2002年　113～114ページ

働生産性水準をあらわしているので、したがって、

①値が100であれば、日本と韓国の労働生産性水準は同水準であることを意味する。

②数値が100を下回れば、韓国の労働生産性水準は日本を上回っていることを意味する。

③数値が100を上回れば、韓国の労働生産性水準は日本を下回っていることを意味する。

そうすると、これを全産業部門の総合値でみると、日本の韓国に対する労働生産性水準は、1997年では126、倍率にして1.26倍、1998年では130、倍率にして1.30倍、1999年では100、倍率にして1.00倍という数値を示している。

この数値から、両国の生産性較差は1997年の126から、1998年には130へと若干ではあるが較差拡大の動きがみられる。しかし1999年には急激に較差が縮小して、ついに日本と同水準の100へと推移している。これを両国工業部門の国際競争力の基礎的データとしてみると、韓国の日本への追い上げは嘗てない水準へ推移し、ついには、同水準に到達していたことを示唆するものである。

次に、「表3-2　日・韓国際総合生産性指数」に基づき、1997年について具体的に韓国からみた比較優位・比較劣位構造を検出することにする。その際、国民的生産性水準を、製造業の労働生産性水準とみなすと、調査全部門、すなわち総合値が126であるから、この数値を下回る産業部門を、韓国からみた日本に対する比較優位部門であるとみなし、この数値を上回る産業部門を、韓国からみた日本に対する比較劣位部門であるとみなし得る。そうすると、比較優位部門は具体的に化学・石油、繊維・衣服、金属製品、電気機器、鉄鋼、ゴム・皮革の各産業部門となり、比較劣位部門は具体的に窯業、紙・パルプ、自動車、食料品、非鉄金属の各産業部門ということになろう。

同様に、1998年について具体的に韓国からみた比較優位・比較劣位構造

を検出すると、調査全部門、すなわち総合値が130であるから、この数値を下回る産業部門を、韓国からみた日本に対する比較優位部門であるとみなし、この数値を上回る産業部門を、韓国からみた日本に対する比較劣位部門であるとみなし得る。そうすると、比較優位部門は具体的に化学・石油、非鉄金属、紙・パルプ、繊維・衣服、金属製品、鉄鋼、食料品、電気機器の各産業部門となり、比較劣位部門は具体的に窯業、自動車、ゴム・皮革の各産業部門ということになろう。これについて、1997年の比較優位・劣位構造を見比べると、新たに比較優位部門に入ってきたものとして、非鉄金属、紙・パルプ、食料品の3部門が挙げられる。逆に比較劣位部門に入ってきたものとしては、ゴム・皮革の1部門にとどまった。押し並べていうと、1998年では1997年に比べて韓国の比較優位部門が増加し、比較劣位部門が減少したということである。つまり、アジア経済危機の余波の中で、新たに韓国の比較優位部門に入った産業部門は相対的に労働生産性を拡大させていったものと思われる。

次に、1999年についても同様に、韓国からみた比較優位・比較劣位構造を検出すると、調査全部門、すなわち総合値が100であるから、この数値を下回る産業部門を、韓国からみた日本に対する比較優位部門であるとみなし、この数値を上回る産業部門を、韓国からみた日本に対する比較劣位部門であるとみなし得る。そうすると、比較優位部門は具体的に繊維・衣服、電気機器、食料品、鉄鋼、金属製品、紙・パルプ、化学・石油の各産業部門となり、比較劣位部門は具体的に窯業、自動車、ゴム・皮革、非鉄金属の各産業部門ということになろう。これについて、1998年の比較優位・劣位構造を見比べると、新たに比較優位部門に入ってきたものは見受けられない。逆に比較劣位部門に入ってきたものとしては、非鉄金属の1部門のみであった。したがって、1998年に比べて韓国の比較優位部門が減少し、比較劣位部門が増加したということであるが、その動きは1部門のみであることから比較優位・比較劣位構造については大きな変化は無かったとみなすことができるであろう。しかし、総合値について見ると前年度の130から100へと大きく較差が縮小している。これは、韓国の産業全体が相対的に労働生産性を拡大させていったものと思われる。

第5節　日・韓国際総合生産性指数に基づく比較優位・劣位構造の検出
－JMPによるクラスター分析－

ここでは、第3節と同様に、JMPによってクラスター分析を実施する。

ここでクラスター分析を行う目的は、各年度にける、日・韓国際総合生産性指数をもとにした、各産業の分類（比較優位、比較同位、比較劣位のどこに分類されるのか）を行うことで、より詳しく比較優位・劣位産業を検出することにある。

第1項　クラスター分析＜1997年＞

1997年の日・韓国際総合生産性指数のクラスター分析による樹形図は以下のようになる。

図3−4　1997年の日・韓国際総合生産性指数のクラスター分析

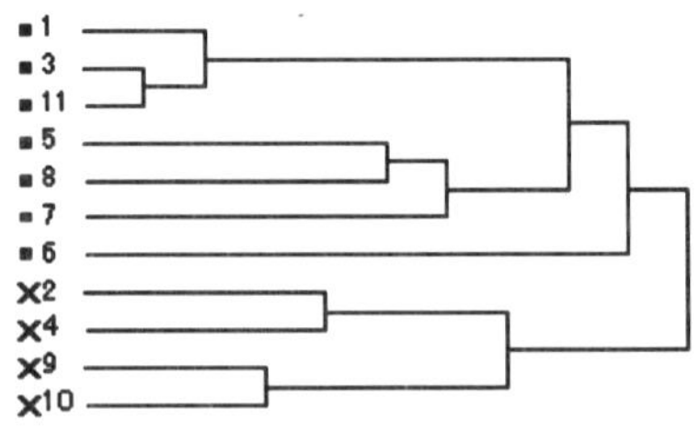

以上の分析でクラスターを大きく2つのグループに分類した。

まず、「■」のグループに属する産業は、日本の比較優位産業（＝韓国の比較劣位産業）である。ここに属する産業は、1:食料品、3:紙・パルプ、5:ゴム・皮革、6:窯業、7:鉄鋼、8:非鉄金属、11:自動車が挙げられる。

次に、「×」のグループに属する産業は、日本の比較劣位品目（＝韓国の比較優位品目）である。ここに属する産業は、2:繊維・衣服、4:石油・化学、9:金属製品、10:電気機器が挙げられる。

第2項　クラスター分析＜1998年＞

1998年の日・韓国際総合生産性指数のクラスター分析による樹形図は以下のようになる。

図3-5　1998年の日・韓国際総合生産性指数のクラスター分析

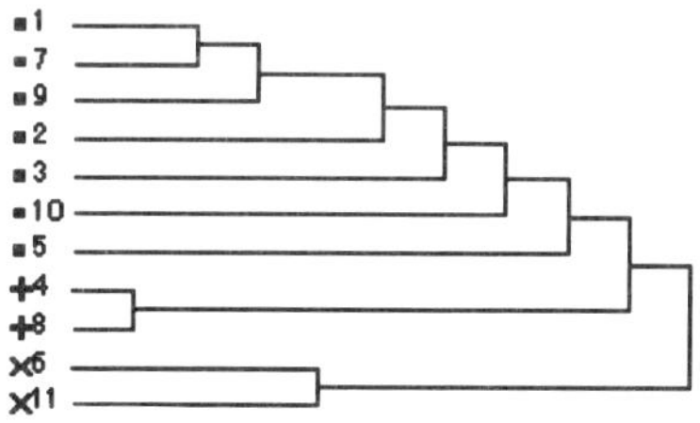

以上の分析でクラスターを大きく3つのグループに分類した。

まず、「■」のグループに属する産業は、比較同位産業である。ここに属する産業は、1:食料品、2:繊維・衣服、3:紙・パルプ、5:ゴム・皮革、7:鉄鋼、9:金属製品、10:電気機器が挙げられる。

次に、「＋」のグループに属する産業は、日本の比較劣位産業（＝韓国の比較優位産業）である。ここに属する産業は、4:石油・化学、8:非鉄金属、6:窯業、11:自動車、が挙げられる。

次に、「×」のグループに属する産業は、日本の比較優位産業（＝韓国の比較劣位産業）である。ここに属する産業は、6:窯業、11:自動車、が挙げられる。

第3項　クラスター分析<1999年>

1999年の日・韓国際総合生産性指数のクラスター分析による樹形図は以下のようになる。

図3-6　1999年の日・韓国際総合生産性指数のクラスター分析

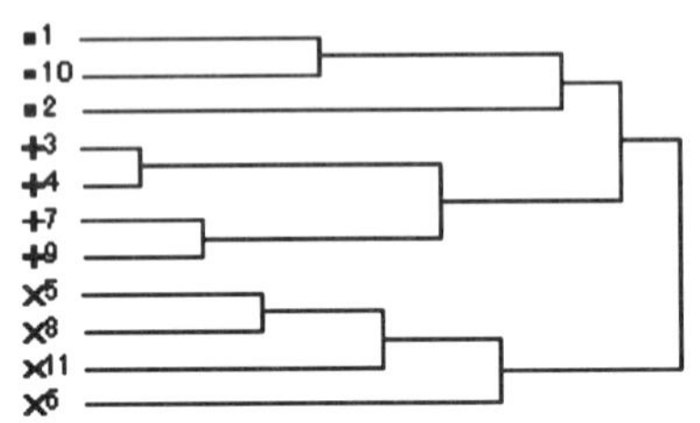

以上の分析でクラスターを大きく3つのグループに分類した。

まず、「■」のグループに属する産業は、日本の比較劣位産業（＝韓国の比較優位産業）である。ここに属する産業は、1:食料品、2:繊維・衣服、10:電気機器が挙げられる。

次に、「＋」のグループに属する産業は、比較同位産業である。ここに属する産業は、3:紙・パルプ、4:石油・化学、7:鉄鋼、9:金属製品、が挙げられる。

次に、「×」のグループに属する産業は、日本の比較優位産業（＝韓国の比較劣位産業）である。ここに属する産業は、5:ゴム・皮革、6:窯業、8:非鉄金属、11:自動車が挙げられる。

以上のクラスター分析をまとめると、

①産業の水準で見たとき、1997年では比較優位・比較劣位構造がある程度はっきりしており、日本の比較優位産業（＝韓国の比較劣位産業）が多かった。[11)]

②産業の水準で見たとき、1998年は比較同位品目が増加し、日本と韓国の比較優位・劣位構造が1997年のそれと異なっている。[12)]

③産業の水準で見たとき、1999年は産業の移動がいくつか見られるものの、前年度とほぼ同様の産業構造を示している。

が主な特徴として挙げられる。各年度の日・韓国際総合生産性の比較優位・同位・劣位構造がみえてきた。

本章の総括

以上の「表3-1・表3-2　日・韓国際個別生産性指数・総合生産性指数」のデータに基づくクラスター分析についてまとめると以下のようになる。

この一連の流れは、韓国産業の底力の強さを物語っているといえよう。その根拠は、日・韓国際個別生産性指数、すなわち、品目の水準から見た場合、3年間を通して、各年度とも日本の比較劣位品目（＝韓国の比較優位品目）数が最も多いことによる。さらに、日・韓国際総合生産性指数、すなわち、産業の水準から見た場合、1998年にアジア経済危機に見舞われたにも拘らず[13)]、韓国の比較劣位産業を減少させていることや、比較同位産業を大きく増加させていることによる。ここでは、各年度の特徴をクラスター分析によって検出し、ある程度の結果を得るに至ったが、算定年度

11）1997年は、日本の比較優位産業（＝韓国の比較劣位産業）数が7つの産業、日本の比較劣位産業（＝韓国の比較優位産業）数が4つの産業。

12）1998年は、日本の比較優位産業（＝韓国の比較劣位産業）数が2つの産業、比較同位産業数が7つの産業、日本の比較劣位産業（＝韓国の比較優位産業）数が2つの産業。

13）韓国が、アジア経済危機に見舞われたのは1997年10月であるが、その影響が具体的に現れているのは1998年である。

の3年間を通した各産業の動向をつかみ、より詳細な構造変化を捉えるため、後に因子分析を実施する。

第4章　日・韓国際個別生産性指数と日・韓国際総合生産性指数のデータ分析
― 相関分析・分散分析 ―

本章では、第2章の手順に従って算定し、第3章で提示した日・韓国際個別生産性指数と日・韓国際総合生産性指数のデータを基に、相関分析および分散分析を実施する。その目的は、産業構造の不均衡発展の検出と、算定年度である1997年、1998年、1999年の3年間において、年度間、産業間、あるいは品目間で統計学的に認められる程度の変化があったのか、なかったのかについて検討するためである。

第1節　日・韓国際個別生産性指数の順位相関分析

［表3-1］に基づき、1999年について、韓国と日本の生産性較差が小である品目から順に並べ替えて示したものを作成する。その意図は、品目の水準において、1999年について、韓国と日本の比較優位・比較劣位構造を検出しようとすることにある。下記にその「表4-1　日・韓国際個別生産性指数（ソート表）」を示す。

この表によると、1999年について、韓国からみた日本に対する比較優位品目は、上位から列挙して、扇風機・換気扇、自動車チューブ、ストッキング、練乳・粉乳、合成ゴム、なめし皮製旅行かばん、T－シャツ、毛織物、銅・合金・鋳物、ビール、鋳鋼、合成繊維糸、バター、……等と続くであろう。同じく韓国からみた日本に対する比較劣位品目は、最後位に位

表4-1　日・韓国際個別生産性指数（ソート表）

品　目　名	労働生産性指数		
	1997	1998	1999
扇風機・換気扇	35	24	8
自動車チューブ	29	—	12
ストッキング	64	185	15
練乳・粉乳	39	37	23
合成ゴム	40	27	25
なめし皮製旅行かばん	28	25	26
T-シャツ	228	65	28
毛織物	16	62	32
銅・合金・鋳物	298	82	37
ビール	144	97	45
鋳鋼	56	54	46
合成繊維糸	22	74	51
バター	171	92	57
自動車ガソリン	119	74	58
亜鉛地金	49	—	60
背広服ズボン	27	152	61
なめし皮ハンドバッグ	44	66	64
絨毯	68	81	66
テレビ受信機	70	178	66
小麦粉	308	78	72
ラジオ受信機	48	39	73
家庭用石鹸	87	166	76
鉄鋼	112	100	77
洋紙	136	66	80
石膏プラスタ	72	75	82
毛紡糸	112	177	84
男子・少年用オーバーコート	110	152	84
プラスチック	79	113	84
釘	134	97	85
印刷インキ	—	—	86
チーズ	187	143	88
作業用ニット手袋	87	126	89
洗濯機	178	271	90
リベット	160	108	94
アルミ鋳物	3	108	98

品　目　名	労働生産性指数		
	1997	1998	1999
男子・少年用背広服	64	44	106
マーガリン	135	82	109
ワイシャツ	101	76	111
ショートニング油	169	89	117
自動車	152	175	117
セメント	269	186	121
可鍛鋳鉄	84	107	121
綿紡糸	82	108	122
電話機	68	186	127
金地金	359	—	133
石灰	186	177	134
アルミ圧延・押しだし	215	207	136
界面活性剤	144	53	154
乗用車用ﾀｲﾔ	150	189	167
板紙	197	200	180
男子用革靴	214	124	185
ゼラチン・接着剤	370	660	209
人造氷	142	228	210
鋳鉄管・そ銑鋳物	185	117	246
水産品缶詰	459	311	280
澱粉	132	—	312
ナフサ	285	272	364
灯油	357	176	584
一般照明電球	10	—	759
染料	108	—	—
石油化学系基礎製品	212	—	—
鉛地金	50	—	—
鉄製金網	71	—	—

（韓国＝100）

置する品目の、一般照明電球から、灯油、ナフサ、澱粉、水産品缶詰、鋳鉄管・そ銑鋳物、人造氷、ゼラチン・接着剤、男子用革靴、板紙、乗用車用タイヤ、界面活性剤、アルミ圧延・押しだし、……等と続くであろう。

同様の手法で1998年、1997年と遡り作表し、両年において韓国からみた日本に対する比較優位品目と比較劣位品目をそれぞれ列挙していく。

1998年では比較優位品目は上位から、扇風機・換気扇、なめし皮製旅行かばん、合成ゴム、練乳・粉乳、ラジオ受信機、男子・少年用背広服、界面活性剤、鋳鋼、毛織物、T－シャツ、洋紙、なめし皮ハンドバッグ、合成繊維糸、……等と続き、比較劣位品目は最後位に位置する品目の、ゼラチン・接着剤、水産品缶詰、ナフサ、洗濯機、人造氷、アルミ圧延・押しだし、板紙、乗用車用タイヤ、電話機、セメント、ストッキング、テレビ受信機、石灰、……等と続くであろう。

1997年では比較優位品目は上位から、アルミ鋳物、一般照明電球、毛織物、合成繊維糸、背広服ズボン、なめし皮製旅行かばん、自動車チューブ、扇風機・換気扇、練乳・粉乳、合成ゴム、なめし皮ハンドバッグ、ラジオ受信機、亜鉛地金……と続き、比較劣位品目は最後位に位置する品目の、水産品缶詰、ゼラチン・接着剤、金地金、灯油、小麦粉、銅・合金・鋳物、ナフサ、セメント、T－シャツ、アルミ圧延・押しだし、男子用革靴、石油化学系基礎製品、板紙、……等と続くであろう。

この作業を行うことで、上記でも述べたが、品目の水準においてそれぞれの年度における日・韓比較優位・劣位構造が検出される。このことは、具体的に、それぞれの年度で日韓両国のどのような品目がそれぞれ国際競争力をもっていたのかを把握できるとともに、日韓両国の国際分業関係を把握することを可能とする。

そこで、各年度の比較優位・比較劣位構造を瞥見すると、品目の無秩序な羅列のように見受けられるが、そこには、両国の国際分業関係に関する一定の法則性が存在しているようである。ちなみに、SAS（Statistical Analysis System）により、各年度をそれぞれに国際個別生産性指数の順位相関を検定すると以下の結果が出力される。）

［1997年、1998年 スピアマン・ケンドール順位相関分析：出力結果］

```
                         Correlation Analysis

                  2 'VAR' Variables:  X         Y


                           Simple Statistics

Variable          N        Mean      Std Dev       Median      Minimum      Maximum

X                62  134.354839    99.895699   112.000000     3.000000   459.000000
Y                62  135.419355   103.732087   108.000000    20.000000   660.000000


      Spearman Correlation Coefficients / Prob > |R| under Ho: Rho=0 / N = 62

                                  X                 Y

                    X       1.00000           0.52586
                               0.0             0.0001

                    Y       0.52586           1.00000
                             0.0001               0.0


     Kendall Tau b Correlation Coefficients / Prob > |R| under Ho: Rho=0 / N = 62

                                  X                 Y

                    X       1.00000           0.39267
                               0.0             0.0001

                    Y       0.39267           1.00000
                             0.0001               0.0
```

1997年と1998年についてのSpearmanの検定方式では、相関係数0.52586で1％水準で有意、Kendallの検定方式では、相関係数0.39267で1％水準で有意であった。

［1998年、1999年 スピアマン・ケンドール順位相関分析：出力結果］

```
                              Correlation Analysis

                       2 'VAR' Variables:  X         Y


                               Simple Statistics

Variable          N          Mean       Std Dev        Median       Minimum       Maximum

X                63    134.634921    103.080348    108.000000     20.000000    660.000000
Y                63    121.698413    123.947392     86.000000      8.000000    759.000000


        Spearman Correlation Coefficients / Prob > |R| under Ho: Rho=0 / N = 63

                                     X                   Y

                   X           1.00000             0.71465
                                0.0                 0.0001

                   Y           0.71465             1.00000
                                0.0001              0.0


      Kendall Tau b Correlation Coefficients / Prob > |R| under Ho: Rho=0 / N = 63

                                     X                   Y

                   X           1.00000             0.54644
                                0.0                 0.0001

                   Y           0.54644             1.00000
                                0.0001              0.0
```

1998年と1999年についてのSpearmanの検定方式では、相関係数0.71465で1％水準で有意、Kendallの検定方式では、相関係数0.54644で1％水準で有意であった。

［1997年、1999年 スピアマン・ケンドール順位相関分析：出力結果］

```
                         Correlation Analysis

                    2 'VAR' Variables:  X        Y


                          Simple Statistics

Variable         N         Mean      Std Dev       Median      Minimum      Maximum

X               63   133.587302    99.273918   112.000000     3.000000   459.000000
Y               63   121.698413   123.947392    86.000000     8.000000   759.000000


     Spearman Correlation Coefficients / Prob > |R| under Ho: Rho=0 / N = 63

                                  X                 Y

                    X       1.00000           0.54178
                             0.0               0.0001

                    Y       0.54178           1.00000
                             0.0001            0.0


   Kendall Tau b Correlation Coefficients / Prob > |R| under Ho: Rho=0 / N = 63

                                  X                 Y

                    X       1.00000           0.41694
                             0.0               0.0001

                    Y       0.41694           1.00000
                             0.0001            0.0
```

1997年と1999年についてのSpearmanの検定方式では、相関係数0.54178で1％水準で有意、Kendallの検定方式では、相関係数0.41694で1％水準で有意であった。

以上より、それぞれの順位相関分析の検定結果を以下に示す。

Spearman

年度	1997･98	1998･99	1997･99
相関係数	0.52586	0.71465	0.54178
有意水準	1%	1%	1%
p値	0.0001	0.0001	0.0001

Kendall

年度	1997･98	1998･99	1997･99
相関係数	0.39267	0.54644	0.41694
有意水準	1%	1%	1%
p値	0.0001	0.0001	0.0001

また、SAS（Statistical Analysis System）による国際個別生産性指数の順位相関分析の結果を検算する意図から、JMPによって分析し再検証を試みる。

以上の分析より、1997年と1998年についてのSpearmanの検定方式では、相関係数0.5257で1％水準で有意、Kendallの検定方式では、相関係数0.3935で1％水準で有意であった。

1998年と1999年についてのSpearmanの検定方式では、相関係数0.7152で1％水準で有意、Kendallの検定方式では、相関係数0.5475で1％水準で有意であった。

1997年と1999年についてのSpearmanの検定方式では、相関係数0.5418で1％水準で有意、Kendallの検定方式では、相関係数0.4169で1％水準で有意であった。

以上の結果をまとめると、

Spearman

年度	1997･98	1998･99	1997･99
相関係数	0.5257	0.7152	0.5418
有意水準	1%	1%	1%
p値	0.0001	0.0001	0.0001

[JMPによる日・韓国際個別生産性の相関分析：出力結果]

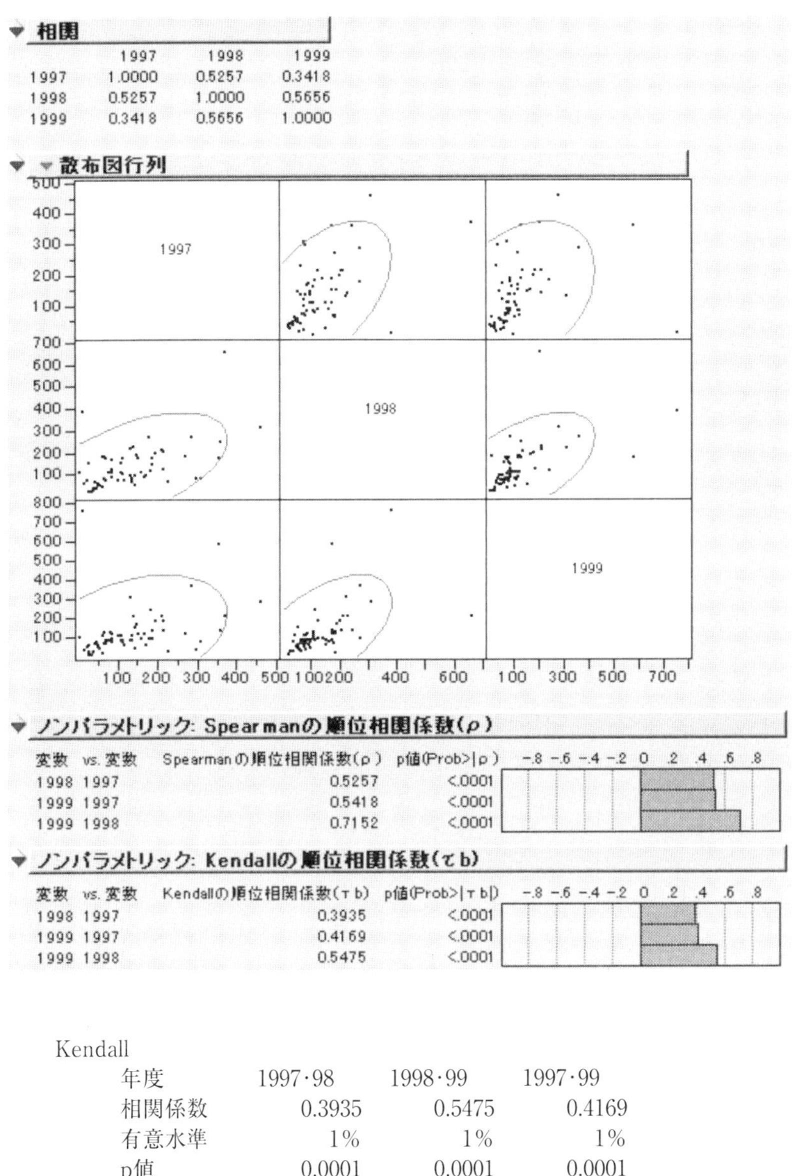

相関

	1997	1998	1999
1997	1.0000	0.5257	0.3418
1998	0.5257	1.0000	0.5656
1999	0.3418	0.5656	1.0000

散布図行列

ノンパラメトリック: Spearmanの順位相関係数(ρ)

変数	vs. 変数	Spearmanの順位相関係数(ρ)	p値(Prob>|ρ|)
1998	1997	0.5257	<.0001
1999	1997	0.5418	<.0001
1999	1998	0.7152	<.0001

ノンパラメトリック: Kendallの順位相関係数(τb)

変数	vs. 変数	Kendallの順位相関係数(τb)	p値(Prob>|τb|)
1998	1997	0.3935	<.0001
1999	1997	0.4169	<.0001
1999	1998	0.5475	<.0001

Kendall

年度	1997･98	1998･99	1997･99
相関係数	0.3935	0.5475	0.4169
有意水準	1%	1%	1%
p値	0.0001	0.0001	0.0001

となり、SASによる順位相関分析と同様の結果を得ることができた。

この検定結果を総括すると、国際個別生産性指数、すなわち品目の水準でみるとき、日・韓比較優位・比較劣位構造＝日・韓国際分業関係は、1997年、1998年、1999年の3年間について、順位相関は1％水準で有意である。つまり、同質の比較優位・比較劣位構造を形成している。

つまり、この形成過程を、それぞれの年度間に分割して考察すると、有意の順位相関が認められるように、同質の構造を維持し推移しつつも、変化の要因が内包して展開・推移していったものと思われる。この変化は1997・98年と1997・99年に相関係数の値が低くなっていることに示唆される。したがって、どの程度アジア経済危機の影響を受けたかどうかを考慮すべきであろうが、1997年と1998・99年の間で韓国の産業構造が、それを克服するための進展と軌を一にしているものと思われる。

第2節　日・韓国際個別生産性指数の分散分析

ここでは、算定年度である1997年、1998年、1999年の3年間において、年度間、あるいは品目間で統計学的に認められる程度の変化があったのか、なかったのかについて検討していく。その目的は、アジア経済危機の影響が最も顕著に現れた1998年を中心に1997年から1999年の3年度間で、日・韓国際個別生産性指数＝品目の水準で大きな変動が存在するであろう、すなわち、韓国経済にとっての転換点でそこにあったのではないかという仮説を検証することにある。そこで、「表3-1　日・韓国際個別生産性指数」をデータとして、SASにより分散分析を試みると、以下の出力結果になる。

この出力結果によれば、1997年、1998年、1999年の3年間の期間で、品目間（ind）の労働生産性の国際比較数値は、F値＝3.49（P値＝0.0001）の結果を示しており、1％水準で有意である。また、同時期の年度間（years）の労働生産性の国際比較数値は、F値＝0.47（P値＝0.6258）の結果を示し、

［日・韓国際個別生産性の分散分析　出力結果］

ANOVA プロシジャ

従属変数: prod

変動因	自由度	平方和	平均平方	F 値	Pr > F
Model	59	1370511.253	23229.004	3.39	<.0001
Error	114	781058.379	6851.389		
Corrected Total	173	2151569.632			

R2 乗	変動係数	誤差の標準偏差	prod の平均
0.636982	62.84372	82.77312	131.7126

変動因	自由度	Anova 平方和	平均平方	F 値	Pr > F
ind	57	1364062.966	23930.929	3.49	<.0001
years	2	6448.287	3224.144	0.47	0.6258

非有意である。この出力結果から、日・韓国際個別生産性指数によれば、その労働生産性の国際比較指数は、各品目間では統計学的に有意差があることが判明したが、年度間では見出すことができなかった。

したがって、品目間では不均等発展が見られるが、年度間では、はっきりとした不均等発展が見られなかったということである。

さらに、この分析をより深めるために、EXCEL統計を用いて、各品目の詳細を見ていくことにする。

まず、各品目がどのように推移しているのか、また、アジア経済危機の影響の有無を検出するために、「表4-2・図4-1　2要因の組み合わせによる平均値表（品目別）」を以下に示す。

表4-2　2要因の組み合わせによる平均値表（品目別）

2要因の組み合わせによる平均値表					
			因子A		
	平均		1997年度	1998年度	1999年度
因子B	a	水産品缶詰	383.5	194.5	176
	c	バター	179	117.5	72.5
	e	練乳・粉乳	104	63	70
	g	マーガリン	139.5	89.5	77
	i	人造氷	112	168	166
	k	毛紡糸	64	119.5	58
	m	男子・少年用背広服	87	98	95
	o	背広服ズボン	47.5	116.5	63.5
	q	ワイシャツ	164.5	70.5	69.5
	s	ストッキング	75.5	155.5	52
	u	洋紙	166.5	133	130
	w	プラスチック	50.5	93.5	67.5
	y	ゼラチン・接着剤	228.5	413	142.5
	aa	界面活性剤	92	40	89.5
	ac	自動車ガソリン	238	125	321
	af	ナフサ	217.5	230.5	265.5
	ah	男子用革靴	121	74.5	105.5
	aj	なめし皮ハンドバッグ	156.5	126	92.5
	al	石灰	129	126	108
	an	鉄鋼	148.5	108.5	161.5
	ap	鋳鋼	70	80.5	83.5
	ar	アルミ圧延・押しだし	256.5	144.5	86.5
	at	アルミ鋳物	81.5	108	96
	aw	釘	102	137.5	75.5
	ay	テレビ受信機	59	108.5	69.5
	bc	洗濯機	106.5	147.5	49
	bf	電話機	110	180.5	122

「表4-2　2要因の組み合わせによる平均値表（品目別）」をグラフ化したものが以下の「図4-1　2要因の組み合わせによる平均値表（品目別）」である。

以上の「表4-2・図4-1　2要因の組み合わせによる平均値表（品目別）」について、考察していく。

ここで、各品目を以下に述べる特徴から2つのケースに分類する。[1)]

①1998年に平均値が下がっている品目（グラフにおいて1998年に谷折れを示している品目）[2)]

②1998年に平均値が上がっている品目（グラフにおいて1998年に山なりを示している品目）[3)]

まず、①のケース、つまりアジア経済危機の影響を受けなかったであろう品目は、e:練乳・粉乳、aa:界面活性剤、ac:自動車ガソリン、ah:男子用革靴、an:鉄鋼などが挙げられる。次に、②のケース、つまりアジア経済危機の影響を受けたであろう品目は、i:人造氷、k:毛紡糸、o:背広服ズボン、s:ストッキング、w:プラスチック、y:ゼラチン・接着剤、at:アルミ鋳物、aw:釘、ay:テレビ受信機、bc:洗濯機、bf:電話機などが挙げられる。

以上から、品目ごとのアジア経済危機の影響の有無が検出された。

次に、各品目のデータ間に散らばりがあるか否かを、平均値の差の検定:最小有意差法を用いて検証する。以下にその結果を示す。

1)　特徴が顕著でない品目については分類しない。

2)　韓国がアジア経済危機の影響を受けた1998年に値が減少するということは、その品目が危機の影響を受けていないものであると解釈できる。

3)　韓国がアジア経済危機の影響を受けた1998年に値が上昇するということは、その品目が危機の影響を受けたものであると解釈できる。

図4-1　2要因の組み合わせによる平均値表（品目別）

a:水産品缶詰
- 1997年: 383.5
- 1998年: 194.5
- 1999年: 176

c:バター
- 1997年: 179
- 1998年: 117.5
- 1999年: 72.5

e:練乳・粉乳
- 1997年: 104
- 1998年: 63
- 1999年: 70

g:マーガリン
- 1997年: 139.5
- 1998年: 89.5
- 1999年: 77

ah:人造氷
- 1997年: 112
- 1998年: 168
- 1999年: 166

k:毛紡糸
- 1997年: 64
- 1998年: 119.5
- 1999年: 58

m:男子・少年用背広服
- 1997年: 87
- 1998年: 98
- 1999年: 95

o:背広服ズボン
- 1997年: 47.5
- 1998年: 116.5
- 1999年: 63.5

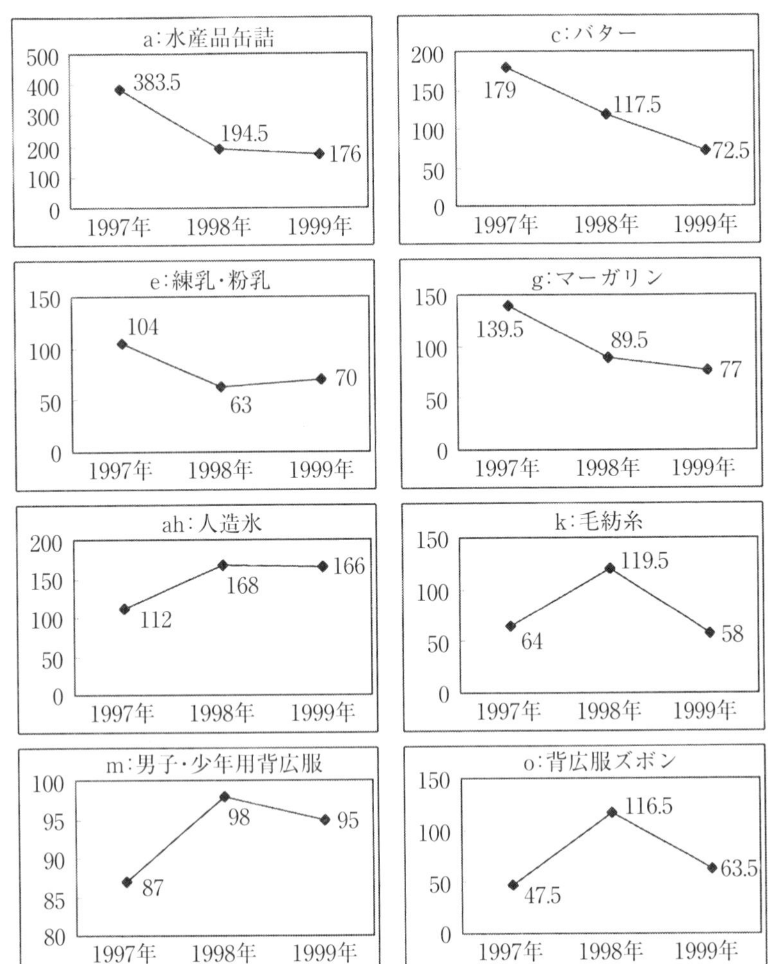

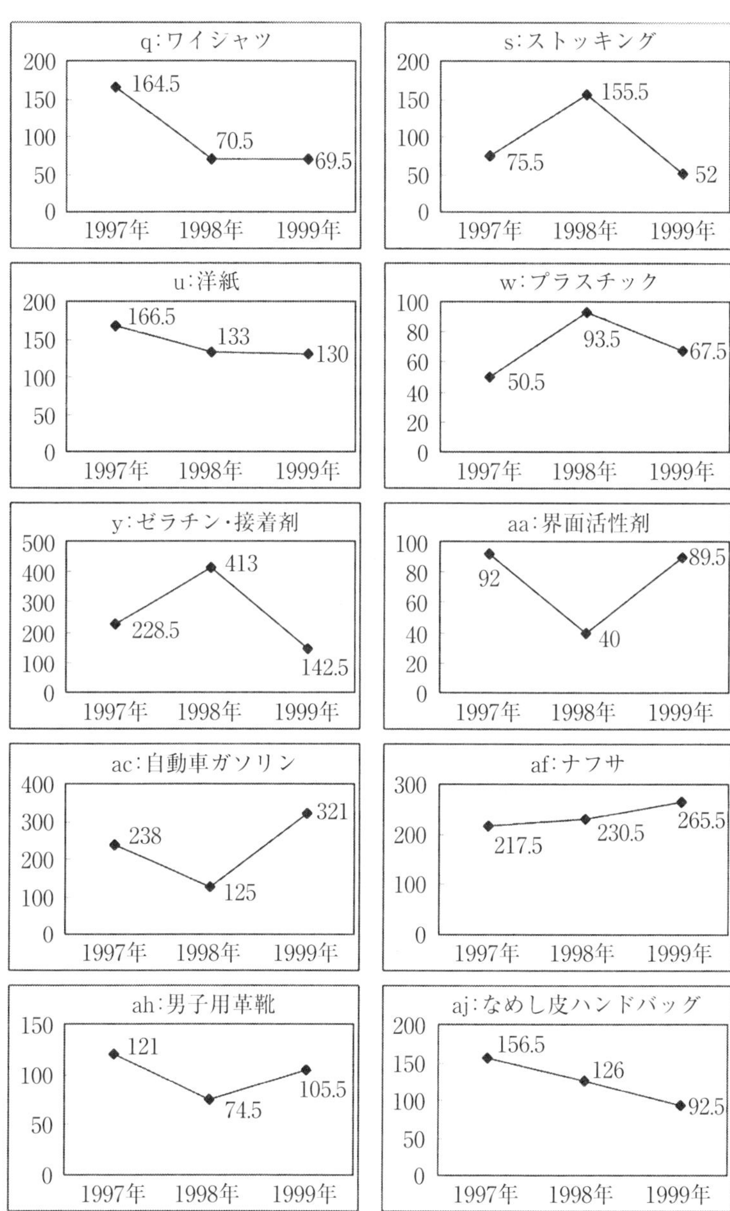
q:ワイシャツ
164.5
70.5
69.5
s:ストッキング
75.5
155.5
52
u:洋紙
166.5
133
130
w:プラスチック
50.5
93.5
67.5
y:ゼラチン・接着剤
228.5
413
142.5
aa:界面活性剤
92
40
89.5
ac:自動車ガソリン
238
125
321
af:ナフサ
217.5
230.5
265.5
ah:男子用革靴
121
74.5
105.5
aj:なめし皮ハンドバッグ
156.5
126
92.5
1997年
1998年
1999年

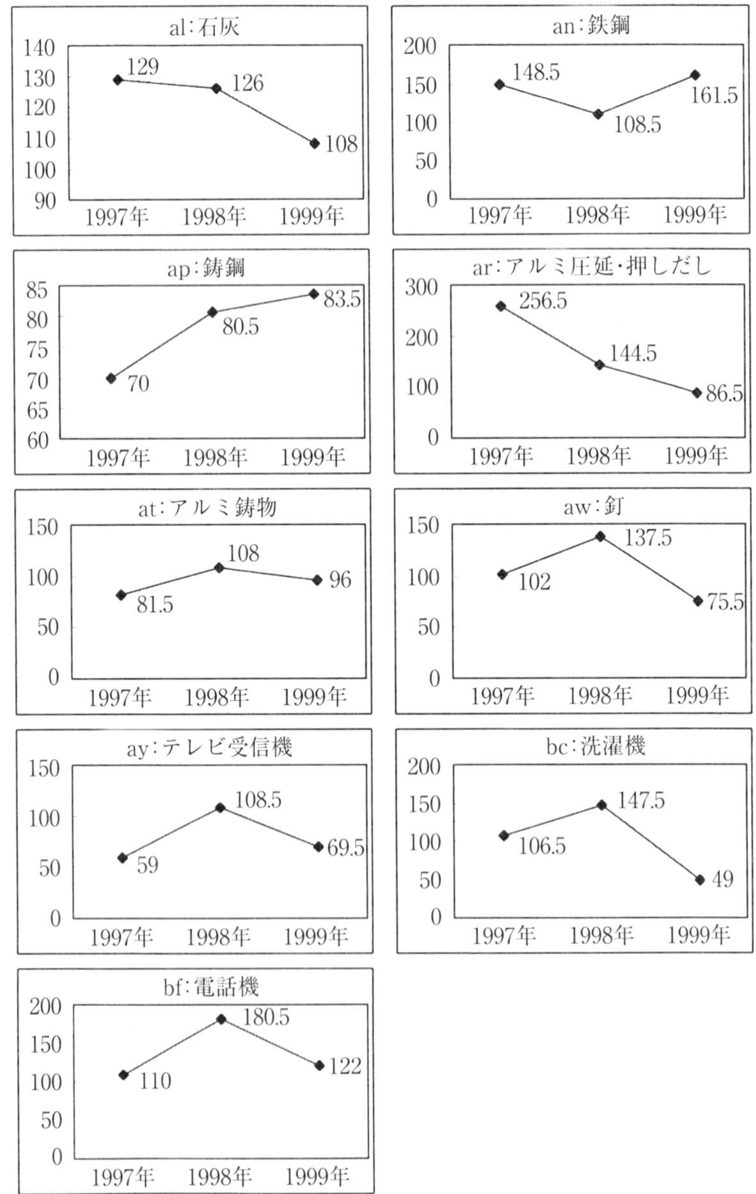
al:石灰
140
130
120
110
100
90
129
126
108
1997年
1998年
1999年
an:鉄鋼
200
150
100
50
0
148.5
108.5
161.5
1997年
1998年
1999年
ap:鋳鋼
85
80
75
70
65
60
70
80.5
83.5
1997年
1998年
1999年
ar:アルミ圧延・押しだし
300
200
100
0
256.5
144.5
86.5
1997年
1998年
1999年
at:アルミ鋳物
150
100
50
0
81.5
108
96
1997年
1998年
1999年
aw:釘
150
100
50
0
102
137.5
75.5
1997年
1998年
1999年
ay:テレビ受信機
150
100
50
0
59
108.5
69.5
1997年
1998年
1999年
bc:洗濯機
200
150
100
50
0
106.5
147.5
49
1997年
1998年
1999年
bf:電話機
200
150
100
50
0
110
180.5
122
1997年
1998年
1999年

表4-3　平均値の差の検定：最小有意差法（品目間）

平均値の差の検定：最小有意差法					**：1%有意	*：5%有意	
因　子	水準1	水準2	平均値1	平均値2	差	P値	判定
因子B	a	c	251.33	123	128.3	0.0118	*
		e	251.33	79	172.3	0.0008	**
		g	251.33	102	149.3	0.0035	**
		i	251.33	148.67	102.7	0.0429	*
		k	251.33	80.5	170.8	0.0009	**
		m	251.33	93.333	158	0.0020	**
		o	251.33	75.833	175.5	0.0006	**
		q	251.33	101.5	149.8	0.0034	**
		s	251.33	94.333	157	0.0022	**
		u	251.33	143.17	108.2	0.0331	*
		w	251.33	70.5	180.8	0.0004	**
		y	251.33	261.33	−10	0.8425	
		aa	251.33	73.833	177.5	0.0006	**
		ac	251.33	228	23.33	0.6430	
		af	251.33	237.83	13.5	0.7885	
		ah	251.33	100.33	151	0.0032	**
		aj	251.33	125	126.3	0.0131	*
		al	251.33	121	130.3	0.0105	*
		an	251.33	139.5	111.8	0.0277	*
		ap	251.33	78	173.3	0.0008	**
		ar	251.33	162.5	88.83	0.0793	
		at	251.33	95.167	156.2	0.0023	**
		aw	251.33	105	146.3	0.0042	**
		ay	251.33	79	172.3	0.0008	**
		bc	251.33	101	150.3	0.0033	**
		bf	251.33	137.5	113.8	0.0251	*
	c	e	123	79	44	0.3827	
		g	123	102	21	0.6766	
		i	123	148.67	−25.7	0.6102	
		k	123	80.5	42.5	0.3990	
		m	123	93.333	29.67	0.5558	
		o	123	75.833	47.17	0.3495	
		q	123	101.5	21.5	0.6693	
		s	123	94.333	28.67	0.5692	
		u	123	143.17	−20.2	0.6887	

平均値の差の検定：最小有意差法					＊＊：1%有意	＊：5%有意	
因　子	水準1	水準2	平均値1	平均値2	差	P値	判定
因子B	a	w	123	70.5	52.5	0.2979	
		y	123	261.33	－138	0.0067	＊＊
		aa	123	73.833	49.17	0.3295	
		ac	123	228	－105	0.0385	＊
		af	123	237.83	－115	0.0238	＊
		ah	123	100.33	22.67	0.6526	
	c	aj	123	125	－2	0.9683	
		al	123	121	2	0.9683	
		an	123	139.5	－16.5	0.7431	
		ap	123	78	45	0.3720	
		ar	123	162.5	－39.5	0.4331	
		at	123	95.167	27.83	0.5804	
		aw	123	105	18	0.7207	
		ay	123	79	44	0.3827	
		bc	123	101	22	0.6621	
		bf	123	137.5	－14.5	0.7733	
	e	g	79	102	－23	0.6478	
		i	79	148.67	－69.7	0.1678	
		k	79	80.5	－1.5	0.9762	
		m	79	93.333	－14.3	0.7758	
		o	79	75.833	3.167	0.9498	
		q	79	101.5	－22.5	0.6549	
		s	79	94.333	－15.3	0.7607	
		u	79	143.17	－64.2	0.2037	
		w	79	70.5	8.5	0.8659	
		y	79	261.33	－182	0.0004	＊＊
		aa	79	73.833	5.167	0.9182	
		ac	79	228	－149	0.0036	＊＊
		af	79	237.83	－159	0.0019	＊＊
		ah	79	100.33	－21.3	0.6717	
		aj	79	125	－46	0.3615	
		al	79	121	－42	0.4046	
		an	79	139.5	－60.5	0.2306	
		ap	79	78	1	0.9841	
		ar	79	162.5	－83.5	0.0988	
		at	79	95.167	－16.2	0.7481	

平均値の差の検定：最小有意差法				＊＊：1%有意	＊：5%有意		
因　子	水準1	水準2	平均値1	平均値2	差	P値	判定
因子B	e	aw	79	105	−26	0.6056	
		ay	79	79	0	1.0000	
		bc	79	101	−22	0.6621	
		bf	79	137.5	−58.5	0.2463	
	g	i	102	148.67	−46.7	0.3546	
		k	102	80.5	21.5	0.6693	
		m	102	93.333	8.667	0.8633	
		o	102	75.833	26.17	0.6033	
		q	102	101.5	0.5	0.9921	
		s	102	94.333	7.667	0.8789	
		u	102	143.17	−41.2	0.4140	
		w	102	70.5	31.5	0.5317	
		y	102	261.33	−159	0.0019	＊＊
		aa	102	73.833	28.17	0.5759	
		ac	102	228	−126	0.0133	＊
		af	102	237.83	−136	0.0077	＊＊
		ah	102	100.33	1.667	0.9736	
		aj	102	125	−23	0.6478	
		al	102	121	−19	0.7059	
		an	102	139.5	−37.5	0.4567	
		ap	102	78	24	0.6336	
		ar	102	162.5	−60.5	0.2306	
		at	102	95.167	6.833	0.8920	
		aw	102	105	−3	0.9525	
		ay	102	79	23	0.6478	
		bc	102	101	1	0.9841	
		bf	102	137.5	−35.5	0.4810	
	i	k	148.67	80.5	68.17	0.1771	
		m	148.67	93.333	55.33	0.2727	
		o	148.67	75.833	72.83	0.1494	
		q	148.67	101.5	47.17	0.3495	
		s	148.67	94.333	54.33	0.2814	
		u	148.67	143.17	5.5	0.9130	
		w	148.67	70.5	78.17	0.1221	
		y	148.67	261.33	−113	0.0266	＊
		aa	148.67	73.833	74.83	0.1387	

平均値の差の検定：最小有意差法					＊＊：1％有意	＊：5％有意	
因　子	水準1	水準2	平均値1	平均値2	差	P値	判定
因子B	i	ac	148.67	228	－79.3	0.1166	
		af	148.67	237.83	－89.2	0.0782	
		ah	148.67	100.33	48.33	0.3377	
		aj	148.67	125	23.67	0.6383	
		al	148.67	121	27.67	0.5827	
		an	148.67	139.5	9.167	0.8555	
		ap	148.67	78	70.67	0.1618	
		ar	148.67	162.5	－13.8	0.7834	
		at	148.67	95.167	53.5	0.2888	
		aw	148.67	105	43.67	0.3863	
		ay	148.67	79	69.67	0.1678	
		bc	148.67	101	47.67	0.3444	
		bf	148.67	137.5	11.17	0.8244	
	k	m	80.5	93.333	－12.8	0.7987	
		o	80.5	75.833	4.667	0.9261	
		q	80.5	101.5	－21	0.6766	
		s	80.5	94.333	－13.8	0.7834	
		u	80.5	143.17	－62.7	0.2144	
		w	80.5	70.5	10	0.8425	
		y	80.5	261.33	－181	0.0004	＊＊
		aa	80.5	73.833	6.667	0.8946	
		ac	80.5	228	－148	0.0039	＊＊
		af	80.5	237.83	－157	0.0021	＊＊
		ah	80.5	100.33	－19.8	0.6936	
		aj	80.5	125	－44.5	0.3773	
		al	80.5	121	－40.5	0.4215	
		an	80.5	139.5	－59	0.2423	
		ap	80.5	78	2.5	0.9604	
		ar	80.5	162.5	－82	0.1050	
		at	80.5	95.167	－14.7	0.7708	
		aw	80.5	105	－24.5	0.6265	
		ay	80.5	79	1.5	0.9762	
		bc	80.5	101	－20.5	0.6839	
		bf	80.5	137.5	－57	0.2585	
	m	o	93.33	75.83	17.5	0.73	
		q	93.33	101.5	－8.2	0.87	

平均値の差の検定：最小有意差法					**：1%有意	*：5%有意	
因　子	水準1	水準2	平均値1	平均値2	差	P値	判定
因子B	m	s	93.33	94.33	−1	0.98	
		u	93.33	143.2	−50	0.32	
		w	93.33	70.5	22.8	0.65	
		y	93.33	261.3	−168	0	**
		aa	93.33	73.83	19.5	0.7	
		ac	93.33	228	−135	0.01	**
		af	93.33	237.8	−145	0	**
		ah	93.33	100.3	−7	0.89	
		aj	93.33	125	−32	0.53	
		al	93.33	121	−28	0.58	
		an	93.33	139.5	−46	0.36	
		ap	93.33	78	15.3	0.76	
		ar	93.33	162.5	−69	0.17	
		at	93.33	95.17	−1.8	0.97	
		aw	93.33	105	−12	0.82	
		ay	93.33	79	14.3	0.78	
		bc	93.33	101	−7.7	0.88	
		bf	93.33	137.5	−44	0.38	
	o	q	75.83	101.5	−26	0.61	
		s	75.83	94.33	−19	0.71	
		u	75.83	143.2	−67	0.18	
		w	75.83	70.5	5.33	0.92	
		y	75.83	261.3	−186	0	**
		aa	75.83	73.83	2	0.97	
		ac	75.83	228	−152	0	**
		af	75.83	237.8	−162	0	**
		ah	75.83	100.3	−25	0.63	
		aj	75.83	125	−49	0.33	
		al	75.83	121	−45	0.37	
		an	75.83	139.5	−64	0.21	
		ap	75.83	78	−2.2	0.97	
		ar	75.83	162.5	−87	0.09	
		at	75.83	95.17	−19	0.7	
		aw	75.83	105	−29	0.56	
		ay	75.83	79	−3.2	0.95	
		bc	75.83	101	−25	0.62	

平均値の差の検定：最小有意差法					＊＊：1％有意	＊：5％有意	
因　子	水準1	水準2	平均値1	平均値2	差	P値	判定
因子B	o	bf	75.83	137.5	－62	0.22	
	q	s	101.5	94.33	7.17	0.89	
		u	101.5	143.2	－42	0.41	
		w	101.5	70.5	31	0.54	
		y	101.5	261.3	－160	0	＊＊
		aa	101.5	73.83	27.7	0.58	
		ac	101.5	228	－127	0.01	＊
		af	101.5	237.8	－136	0.01	＊＊
		ah	101.5	100.3	1.17	0.98	
		aj	101.5	125	－24	0.64	
		al	101.5	121	－20	0.7	
		an	101.5	139.5	－38	0.45	
		ap	101.5	78	23.5	0.64	
		ar	101.5	162.5	－61	0.23	
		at	101.5	95.17	6.33	0.9	
		aw	101.5	105	－3.5	0.94	
		ay	101.5	79	22.5	0.65	
		bc	101.5	101	0.5	0.99	
		bf	101.5	137.5	－36	0.47	
	s	u	94.33	143.2	－49	0.33	
		w	94.33	70.5	23.8	0.64	
		y	94.33	261.3	－167	0	＊＊
		aa	94.33	73.83	20.5	0.68	
		ac	94.33	228	－134	0.01	＊＊
		af	94.33	237.8	－144	0	＊＊
		ah	94.33	100.3	－6	0.91	
		aj	94.33	125	－31	0.54	
		al	94.33	121	－27	0.6	
		an	94.33	139.5	－45	0.37	
		ap	94.33	78	16.3	0.75	
		ar	94.33	162.5	－68	0.18	
		at	94.33	95.17	－0.8	0.99	
		aw	94.33	105	－11	0.83	
		ay	94.33	79	15.3	0.76	
		bc	94.33	101	－6.7	0.89	
		bf	94.33	137.5	－43	0.39	

平均値の差の検定：最小有意差法					＊＊：1％有意	＊：5％有意	
因　子	水準1	水準2	平均値1	平均値2	差	P値	判定
因子B	u	w	143.17	70.5	72.67	0.1504	
		y	143.17	261.33	−118	0.0201	＊
		aa	143.17	73.833	69.33	0.1698	
		ac	143.17	228	−84.8	0.0936	
		af	143.17	237.83	−94.7	0.0617	
		ah	143.17	100.33	42.83	0.3954	
		aj	143.17	125	18.17	0.7182	
		al	143.17	121	22.17	0.6597	
		an	143.17	139.5	3.667	0.9419	
		ap	143.17	78	65.17	0.1968	
		ar	143.17	162.5	−19.3	0.7009	
		at	143.17	95.167	48	0.3410	
		aw	143.17	105	38.17	0.4487	
		ay	143.17	79	64.17	0.2037	
		bc	143.17	101	42.17	0.4027	
		bf	143.17	137.5	5.667	0.9104	
	w	y	70.5	261.33	−191	0.0002	＊＊
		aa	70.5	73.833	−3.33	0.9472	
		ac	70.5	228	−158	0.0021	＊＊
		af	70.5	237.83	−167	0.0011	＊＊
		ah	70.5	100.33	−29.8	0.5536	
		aj	70.5	125	−54.5	0.2799	
		al	70.5	121	−50.5	0.3166	
		an	70.5	139.5	−69	0.1719	
		ap	70.5	78	−7.5	0.8815	
		ar	70.5	162.5	−92	0.0693	
		at	70.5	95.167	−24.7	0.6242	
		aw	70.5	105	−34.5	0.4934	
		ay	70.5	79	−8.5	0.8659	
		bc	70.5	101	−30.5	0.5448	
		bf	70.5	137.5	−67	0.1846	
	y	aa	261.33	73.833	187.5	0.0003	＊＊
		ac	261.33	228	33.33	0.5081	
		af	261.33	237.83	23.5	0.6407	
		ah	261.33	100.33	161	0.0017	＊＊
		aj	261.33	125	136.3	0.0075	＊＊

平均値の差の検定：最小有意差法						＊＊：1％有意	＊：5％有意
因　子	水準1	水準2	平均値1	平均値2	差	P値	判定
因子B	y	al	261.33	121	140.3	0.0060	＊＊
		an	261.33	139.5	121.8	0.0166	＊
		ap	261.33	78	183.3	0.0004	＊＊
		ar	261.33	162.5	98.83	0.0512	
		at	261.33	95.167	166.2	0.0012	＊＊
		aw	261.33	105	156.3	0.0023	＊＊
		ay	261.33	79	182.3	0.0004	＊＊
		bc	261.33	101	160.3	0.0018	＊＊
		bf	261.33	137.5	123.8	0.0150	＊
	aa	ac	73.833	228	－154	0.0026	＊＊
		af	73.833	237.83	－164	0.0014	＊＊
		ah	73.833	100.33	－26.5	0.5987	
		aj	73.833	125	－51.2	0.3102	
		al	73.833	121	－47.2	0.3495	
		an	73.833	139.5	－65.7	0.1934	
		ap	73.833	78	－4.17	0.9340	
		ar	73.833	162.5	－88.7	0.0798	
		at	73.833	95.167	－21.3	0.6717	
		aw	73.833	105	－31.2	0.5360	
		ay	73.833	79	－5.17	0.9182	
		bc	73.833	101	－27.2	0.5895	
		bf	73.833	137.5	－63.7	0.2072	
	ac	af	228	237.83	－9.83	0.8451	
		ah	228	100.33	127.7	0.0122	＊
		aj	228	125	103	0.0423	＊
		al	228	121	107	0.0350	＊
		an	228	139.5	88.5	0.0804	
		ap	228	78	150	0.0034	＊＊
		ar	228	162.5	65.5	0.1945	
		at	228	95.167	132.8	0.0092	＊＊
		aw	228	105	123	0.0156	＊
		ay	228	79	149	0.0036	＊＊
		bc	228	101	127	0.0126	＊
		bf	228	137.5	90.5	0.0739	
	af	ah	237.83	100.33	137.5	0.0070	＊＊
		aj	237.83	125	112.8	0.0263	＊

平均値の差の検定：最小有意差法					＊＊：1％有意	＊：5％有意	
因　子	水準1	水準2	平均値1	平均値2	差	P値	判定
因子B	af	al	237.83	121	116.8	0.0215	＊
		an	237.83	139.5	98.33	0.0524	
		ap	237.83	78	159.8	0.0018	＊＊
		ar	237.83	162.5	75.33	0.1361	
		at	237.83	95.167	142.7	0.0052	＊＊
		aw	237.83	105	132.8	0.0092	＊＊
		ay	237.83	79	158.8	0.0019	＊＊
		bc	237.83	101	136.8	0.0073	＊＊
		bf	237.83	137.5	100.3	0.0478	＊
	ah	aj	100.33	125	−24.7	0.6242	
		al	100.33	121	−20.7	0.6814	
		an	100.33	139.5	−39.2	0.4370	
		ap	100.33	78	22.33	0.6573	
		ar	100.33	162.5	−62.2	0.2181	
		at	100.33	95.167	5.167	0.9182	
		aw	100.33	105	−4.67	0.9261	
		ay	100.33	79	21.33	0.6717	
		bc	100.33	101	−0.67	0.9894	
		bf	100.33	137.5	−37.2	0.4607	
	aj	al	125	121	4	0.9367	
		an	125	139.5	−14.5	0.7733	
		ap	125	78	47	0.3512	
		ar	125	162.5	−37.5	0.4567	
		at	125	95.167	29.83	0.5536	
		aw	125	105	20	0.6912	
		ay	125	79	46	0.3615	
		bc	125	101	24	0.6336	
		bf	125	137.5	−12.5	0.8039	
	al	an	121	139.5	−18.5	0.7132	
		ap	121	78	43	0.3935	
		ar	121	162.5	−41.5	0.4102	
		at	121	95.167	25.83	0.6079	
		aw	121	105	16	0.7506	
		ay	121	79	42	0.4046	
		bc	121	101	20	0.6912	
		bf	121	137.5	−16.5	0.7431	

平均値の差の検定：最小有意差法					＊＊：1％有意	＊：5％有意	
因　子	水準1	水準2	平均値1	平均値2	差	P値	判定
因子B	an	ap	139.5	78	61.5	0.2230	
		ar	139.5	162.5	－23	0.6478	
		at	139.5	95.167	44.33	0.3791	
		aw	139.5	105	34.5	0.4934	
		ay	139.5	79	60.5	0.2306	
		bc	139.5	101	38.5	0.4448	
		bf	139.5	137.5	2	0.9683	
	ap	ar	78	162.5	－84.5	0.0949	
		at	78	95.167	－17.2	0.7331	
		aw	78	105	－27	0.5918	
		ay	78	79	－1	0.9841	
		bc	78	101	－23	0.6478	
		bf	78	137.5	－59.5	0.2383	
	ar	at	162.5	95.167	67.33	0.1824	
		aw	162.5	105	57.5	0.2544	
		ay	162.5	79	83.5	0.0988	
		bc	162.5	101	61.5	0.2230	
		bf	162.5	137.5	25	0.6195	
	at	aw	95.167	105	－9.83	0.8451	
		ay	95.167	79	16.17	0.7481	
		bc	95.167	101	－5.83	0.9077	
		bf	95.167	137.5	－42.3	0.4009	
	aw	ay	105	79	26	0.6056	
		bc	105	101	4	0.9367	
		bf	105	137.5	－32.5	0.5188	
	ay	bc	79	101	－22	0.6621	
		bf	79	137.5	－58.5	0.2463	
	bc	bf	101	137.5	－36.5	0.4687	

「表4-3　平均値の差の検定：最小有意差法（品目間）」を瞥見すると1％水準で有意のものが58個、5％水準で有意のものが23個と、SASによる分散分析で得られた結果を裏付けるものとなった。よって、日・韓国際個別生産性指数による、労働生産性の国際比較指数は、各品目間で統計学的に有意差があることが判明した。

さらに、年度間の分散分析についても、より深めるために、EXCEL統計を用いて、各年度間[4]の最小有意差を見ていくことにする。以下はその結果である。

表4-4　平均値の差の検定：最小有意差法（年度間）

平均値の差の検定：最小有意差法					＊＊：1%有意	＊：5%有意	
因　子	水準1	水準2	平均値1	平均値2	差	P値	判定
因子A	1997年度	1998年度	136.6667	132.2037	4.462963	0.7902	
		1999年度	136.6667	109.8148	26.85185	0.1112	
	1998年度	1999年度	132.2037	109.8148	22.38889	0.1835	

「表4-4　平均値の差の検定：最小有意差法（年度間）」を瞥見すると1997年と1998年の間では非有意、1997年と1999年の間でも非有意、1998年と1999年の間もやはり非有意という結果が出た。これは、SASによる分散分析で得られた結果を裏付けるものとなった。

この結果は、アジア経済危機の影響が最も顕著に現れた1998年を中心に1997年から1999年の3年度間で、日・韓国際個別生産性指数＝品目の水準で大きな変動が存在するであろう、すなわち、韓国経済にとっての転換点でそこにあったのではないかという仮説に反するものとなった。たしかに、3年間にわたる年度間での統計学的な有意差を見出すことができなかったし、また、各年度間（1997年、1998年、1999年のそれぞれの間）においても統計学的な有意差を見出すことができなかった。しかし、実際に韓国経済に大きな変動があったということは周知の事実であり、それは、品目の水準にも現れているはずである。このことに対して考察してみるとき、その手がかりを与えてくれるものとして、「表4-2・図4-1　2要因の組み合わせによる平均値表（品目間）」が挙げられるだろう。つまり、年度間の統

4）SASによる分散分析は算定年度である3年間を通した分析であり、各年度ごとの状況を見ることができない。したがって、Excel統計を用いることにより、各年度間に統計学的に有意差があるかどうかを検定するわけである。

計学的な有意差が検出されなくても、1つ1つの品目はそれぞれの特徴を示しているということである。前でも述べたことではあるが、1998年の時点で谷折れのグラフを示した品目は、影響を受けなかったものであり、また、山なりのグラフを示した品目は影響を受けたものとして分類した。つまり、山なりのグラフを示した品目こそが、韓国経済の動向を如実に現しているものであると結論付けられるのである。

また、補足すると、山なりや谷折れのグラフを示さなくとも、右肩下がりのグラフを示す品目は、3年間を通じて生産性格差を縮小させた品目であり、韓国にとって将来性が有望な品目であるといえる。具体的には、a:水産品缶詰、c:バター、g:マーガリン、q:ワイシャツ、u:洋紙、aj:なめし皮ハンドバッグ、al:石灰、ar:アルミ圧延・押しだしが挙げられる。反対に、右肩上がりのグラフを示す品目は、3年間を通じて生産性格差を拡大させた品目であり、韓国にとって将来性の期待が薄い品目であるといえよう。具体的には、af:ナフサ、ap:鋳鋼が挙げられる。

第3節　日・韓国際総合生産性指数の相関分析

1997年、1998年、1999年の3年間における韓国の日本に対する比較優位・比較劣位構造は、どのように進展・展開したのかという問題に接近するために第1節でも採用した各比較年度の国際総合生産性指数の順位構造がどのように変化していったか、もしくは変化しなかったかという視角から取り組んでみることにする。加えて、各産業部門ごとの変化についても分析してみる。そこでSAS（Statistical Analysis System）により、1997年と1998年における産業部門の国際総合生産性指数の順位相関およびピアソン相関を検定すると以下の結果が出力される。

見られるとおり、Pearsonの検定方式では、0.62629（データ数＝11）で5%水準で有意、Spearmanの検定方式では、相関係数0.50000（データ数＝11）で非有意、Kendallの検定方式では、相関係数0.45455（データ数＝11）で非有意であった。

［1997,1998年　日・韓産業部門ピアソン・順位相関：出力結果］

```
                         Correlation Analysis

                  2 'VAR' Variables:  X        Y

                          Simple Statistics

Variable         N        Mean      Std Dev       Median      Minimum      Maximum

X               11  123.909091    45.675934   123.000000    67.000000   223.000000
Y               11  108.636364    40.175298   101.000000    54.000000   178.000000

      Pearson Correlation Coefficients / Prob > |R| under Ho: Rho=0 / N = 11

                             X                 Y

              X        1.00000           0.62629
                        0.0               0.0392

              Y        0.62629           1.00000
                        0.0392            0.0

      Spearman Correlation Coefficients / Prob > |R| under Ho: Rho=0 / N = 11

                             X                 Y

              X        1.00000           0.50000
                        0.0               0.1173

              Y        0.50000           1.00000
                        0.1173            0.0

   Kendall Tau b Correlation Coefficients / Prob > |R| under Ho: Rho=0 / N = 11

                             X                 Y

              X        1.00000           0.45455
                        0.0               0.0516

              Y        0.45455           1.00000
                        0.0516            0.0
```

続いて、1998年と1999年における産業部門の国際総合生産性指数の順位相関およびピアソン相関を検定すると以下の結果が出力される。

［1998,1999年　日・韓産業部門ピアソン・順位相関：出力結果］

```
                              Correlation Analysis

                         2 'VAR' Variables:  X          Y


                               Simple Statistics

Variable          N          Mean       Std Dev        Median       Minimum       Maximum

X                11    108.636364     40.175298    101.000000     54.000000    178.000000
Y                11     94.545455     19.653822     94.000000     61.000000    125.000000


        Pearson Correlation Coefficients / Prob > |R| under Ho: Rho=0 / N = 11

                                   X                 Y

                     X       1.00000           0.46976
                                 0.0            0.1449

                     Y       0.46976           1.00000
                              0.1449               0.0


        Spearman Correlation Coefficients / Prob > |R| under Ho: Rho=0 / N = 11

                                   X                 Y

                     X       1.00000           0.33636
                                 0.0            0.3118

                     Y       0.33636           1.00000
                              0.3118               0.0


      Kendall Tau b Correlation Coefficients / Prob > |R| under Ho: Rho=0 / N = 11

                                   X                 Y

                     X       1.00000           0.16364
                                 0.0            0.4835

                     Y       0.16364           1.00000
                              0.4835               0.0
```

見られるとおり、Pearsonの検定方式では、0.46976（データ数＝11）で非有意、Spearmanの検定方式では、相関係数0.33636（データ数＝11）で非有意、

［1997,1999年　日・韓産業部門ピアソン・順位相関：出力結果］

```
                         Correlation Analysis

                    2 'VAR' Variables:  X        Y


                          Simple Statistics

Variable          N        Mean      Std Dev       Median      Minimum      Maximum

X                11  123.909091    45.675934   123.000000    67.000000   223.000000
Y                11   94.545455    19.653822    94.000000    61.000000   125.000000


       Pearson Correlation Coefficients / Prob > |R| under Ho: Rho=0 / N = 11

                               X                 Y

               X         1.00000           0.68547
                          0.0               0.0199

               Y         0.68547           1.00000
                          0.0199            0.0


       Spearman Correlation Coefficients / Prob > |R| under Ho: Rho=0 / N = 11

                               X                 Y

               X         1.00000           0.55455
                          0.0               0.0767

               Y         0.55455           1.00000
                          0.0767            0.0


     Kendall Tau b Correlation Coefficients / Prob > |R| under Ho: Rho=0 / N = 11

                               X                 Y

               X         1.00000           0.41818
                          0.0               0.0734

               Y         0.41818           1.00000
                          0.0734            0.0
```

Kendallの検定方式では、相関係数0.16364（データ数＝11）で非有意であった。

続いて、1997年と1999年における産業部門の国際総合生産性指数の順位相関およびピアソン相関を検定すると以下の結果が出力される。

見られるとおり、Pearsonの検定方式では、0.68547（データ数＝11）で5%水準で有意、Spearmanの検定方式では、相関係数0.55455（データ数＝11）で非有意、Kendallの検定方式では、相関係数0.41818（データ数＝11）で非有意であった。

これらのピアソン・順位相関の検定結果をまとめると、以下のとおりである。

Pearson

年度	1997・98	1998・99	1997・99
相関係数	0.62629	0.46976	0.68547
有意水準	5%	非有意	5%
p値	0.0392	0.1449	0.0199

Spearman

年度	1997・98	1998・99	1997・99
相関係数	0.5	0.33636	0.55455
有意水準	非有意	非有意	非有意
p値	0.1173	0.3118	0.0767

Kendall

年度	1997・98	1998・99	1997・99
相関係数	0.45455	0.16364	0.41818
有意水準	非有意	非有意	非有意
p値	0.0516	0.4835	0.0734

また、SAS（Statistical Analysis System）による国際総合生産性指数の順位相関の検定結果を検算する意図から、JMPによって分析し再検証を試みる。

［JMPによる日・韓国際総合生産性の相関分析：出力結果］

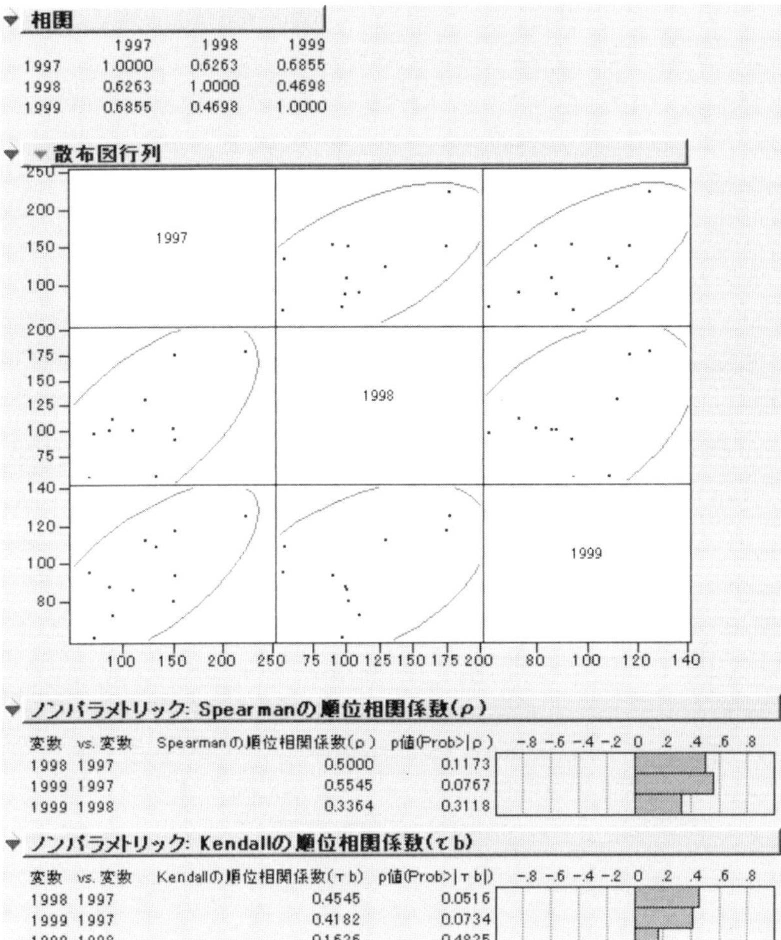

相関

	1997	1998	1999
1997	1.0000	0.6263	0.6855
1998	0.6263	1.0000	0.4698
1999	0.6855	0.4698	1.0000

ノンパラメトリック: Spearmanの順位相関係数(ρ)

変数	vs. 変数	Spearmanの順位相関係数(ρ)	p値(Prob>|ρ|)
1998	1997	0.5000	0.1173
1999	1997	0.5545	0.0767
1999	1998	0.3364	0.3118

ノンパラメトリック: Kendallの順位相関係数(τb)

変数	vs. 変数	Kendallの順位相関係数(τb)	p値(Prob>|τb|)
1998	1997	0.4545	0.0516
1999	1997	0.4182	0.0734
1999	1998	0.1636	0.4835

以上より、JMPによる分析とSASによる分析は同様の結果を得ることができた。

この検定結果を総括すると、国際総合生産性指数、すなわち産業部門の水準で、産業部門ごとにみるピアソン相関分析では、1998, 99年が非有意、その他の年度は5%水準で有意であった。また、日・韓比較優位・比較劣位構造は、すべての年度において非有意である。

この結果を国際個別生産性指数＝品目の水準での結果とを照合すると、必ずしも対応しない。すなわち、国際個別生産性指数＝品目の水準では、比較対象年度に有意の相関が検出されるのに、国際総合生産性指数＝産業の水準では、相関は非有意という結果が示されている。おそらくこれは土台である国際個別生産性指数＝品目の水準での変化が、上部構造である国際総合生産性指数＝産業の水準に反映されるまでタイム・ラグ等の様々な理由が存在したことが大きいと思われる。また、承知のとおり、1997年から1999年はアジア経済危機という韓国にとって未経験の特別な状況であったことからも明らかであり、このような状況下で、品目の水準というミクロ的要素を含むものが、産業の水準というマクロ的要素を含むものにダイレクトに反映するということが困難であったと思われる。

その上で、国際総合生産性指数＝産業の水準の検定結果の意味するところを考察すると、まず産業部門ごとではピアソン相関分析の結果より、1997年と1998年、1997年と1999年の比較対象年度では相関関係が認められた。しかし、1998と1999年では相関関係が認められない。このことは、1997年の各産業部門と1998年、1999年のそれぞれには何らかの関係があるものの、1998年と1999年の間には関係が薄いものであるといえよう。このことについては、後の因子分析でさらに考察する必要があろう。そして、産業部門における比較優位・比較劣位構造については、順位相関分析においてすべての比較対象年度で非有意という結果が示されたということは、この3年の間で産業構造のダイナミックな変化があったものと思われる。特にこの3年間は、韓国にとって経済的に非常に目まぐるしいものであったことは疑いようが無い。1997年は、それまでの「アジアの奇跡」と呼ばれる高度成長を続けていた中､その年の10月にアジア経済危機に見舞われ、産業界においても大きな影響を及ぼした。そして1998年は、どん底の経済状況の中でスタートし、産業構造のみならず、その他多数の分野で改革が成された年であった。その結果、1999年には韓国経済は持ち直し、前年度のマイナス成長から一転して大きなプラス成長を成し遂げたのである。これらの状況を踏まえると、当然、産業部門における比較優位・比較劣位構造についても大きな変化があったことは否めないであろうし、そのことが、本節における日・韓国際総合生産性指数の順位相関分析の結果に如実に反映されていることの現れであるといえるのではないだろうか。

以上は、「表3-2　日・韓国際総合生産性指数」に基づき、各比較対象年度について、各産業部門ごとの変化をピアソン相関の有無の手法を、そして比較優位・比較劣位構造の視点から、そのタイプの推移を順位相関の有無の手法を適用して分析したものである。

第4節　日・韓国際総合生産性指数の分散分析

ここでは、算定年度である1997年、1998年、1999年の3年間において、年度間、各産業部門の総合生産性水準の変化がどのような意味を持っているのかを検討する。その目的は、第2節と同様の問題意識から、アジア経済危機の影響が最も顕著に現れた1998年を中心に1997年から1999年の3年度で、日・韓国際総合生産性指数＝産業の水準で大きな変動が存在するであろう、すなわち、韓国経済にとっての転換点であったのではないかという仮説を検証することにある。そこで、「表3-2　日・韓国際総合生産性指数」をデータとして、SASにより分散分析を試みると、以下の出力結果になる。

この出力結果は、1997年、1998年、1999年の3年間の期間で、産業間（ind）の労働生産性の国際比較数値は、F値＝4.28（P値＝0.0027）の結果を示しており、1％水準で有意である。また、同時期の年度間（years）の労働生産性の国際比較数値は、F値＝3.65（P値＝0.0446）の結果を示し、5％水準で有意である。この出力結果を総合すると、1997年、1998年、1999年の3年間

［日・韓国際総合生産性の分散分析　出力結果］

ANOVA プロシジャ

従属変数: prod

変動因	自由度	平方和	平均平方	F 値	Pr > F
Model	12	32603.75758	2716.97980	4.18	0.0024
Error	20	13007.21212	650.36061		
Corrected Total	32	45610.96970			

R2 乗	変動係数	誤差の標準偏差	prod の平均
0.714823	23.38998	25.50217	109.0303

変動因	自由度	Anova 平方和	平均平方	F 値	Pr > F
ind	10	27858.96970	2785.89697	4.28	0.0027
years	2	4744.78788	2372.39394	3.65	0.0446

の各産業部門の生産性指数は年度および産業部門について、ある程度統計学的に認められるほどの有意差、すなわち、ある程度の変動をもって推移してきたことを示唆するものである。

さらに、この分析をより深めるために、EXCEL統計を用いて、各産業の詳細を見ていくことにする。

まず、各産業がどのように推移しているのか、また、アジア経済危機の影響の有無を検出するために、「表4-5・図4-2　2要因の組み合わせによる平均値表（産業別）」を以下に示す。

「表4－5　2要因の組み合わせによる平均値表（産業別）」をグラフ化したものが以下の「図4－2　2要因の組み合わせによる平均値表（産業別）」である。

以上の「表4-5・図4-2　2要因の組み合わせによる平均値表（産業別）」について、考察していく。

ここで、各産業を以下に述べる特徴から2つのケースに分類する。[5)]

5)　特徴が顕著でない産業については分類しない。

表4-5　2要因の組み合わせによる平均値表（産業別）

２要因の組み合わせによる平均値表					
			因子A		
	平均		1997年度	1998年度	1999年度
因子B	a	食料品	151	102	80
	b	繊維・衣服	72	98	61
	c	紙・パルプ	153	91	94
	d	石油・化学	67	54	95
	e	ゴム・皮革	123	130	112
	f	窯業	223	178	125
	g	鉄鋼	110	101	86
	h	非鉄金属	134	55	109
	i	金属製品	87	100	88
	j	電気機器	91	111	73
	k	自動車	152	175	117

①1998年に平均値が下がっている産業（グラフにおいて1998年に谷折れを示している産業）[6]

②1998年に平均値が上がっている産業（グラフにおいて1998年に山なりを示している産業）[7]

まず、①のケース、つまりアジア経済危機の影響を受けなかったであろう産業は、c:紙・パルプ、d:石油・化学、h:非鉄金属が挙げられる。次に、②のケース、つまりアジア経済危機の影響を受けたであろう産業は、b:繊維・衣服、e:ゴム・皮革、i:金属製品、j:電気機器、k:自動車が挙げられる。

6）韓国がアジア経済危機の影響を受けた1998年に値が減少するということは、その品目が危機の影響を受けていないものであると解釈できる。

7）韓国がアジア経済危機の影響を受けた1998年に値が上昇するということは、その品目が危機の影響を受けたものであると解釈できる。

図4-2　2要因の組み合わせによる平均値表（産業別）

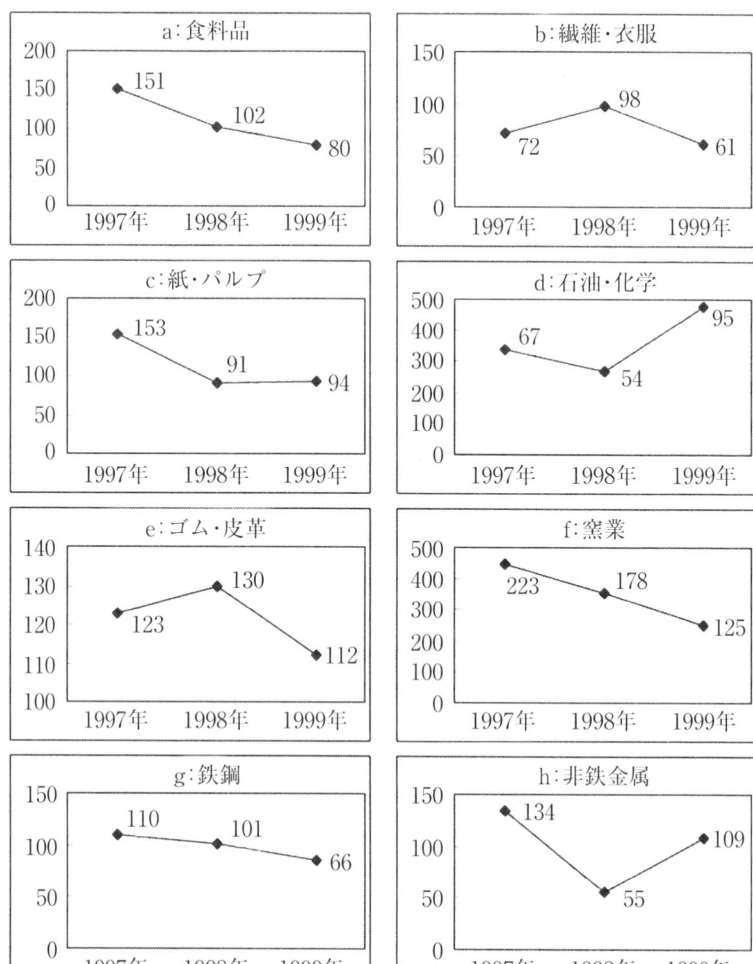

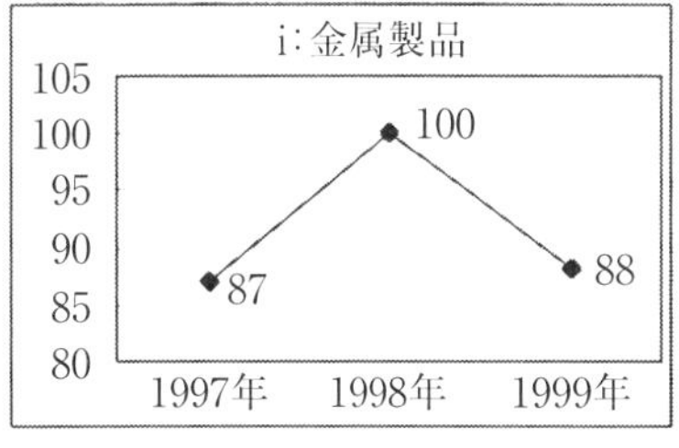

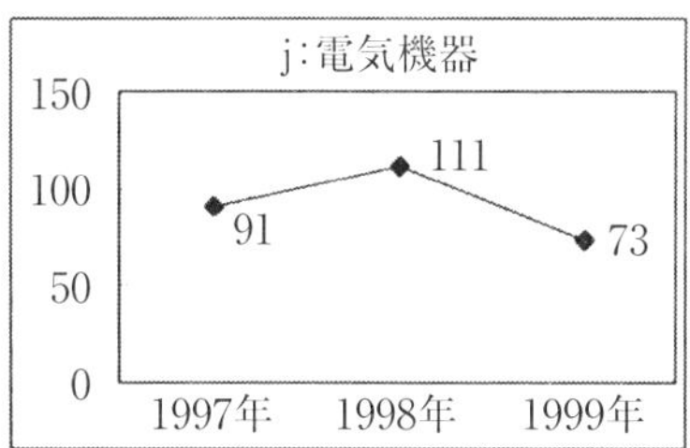

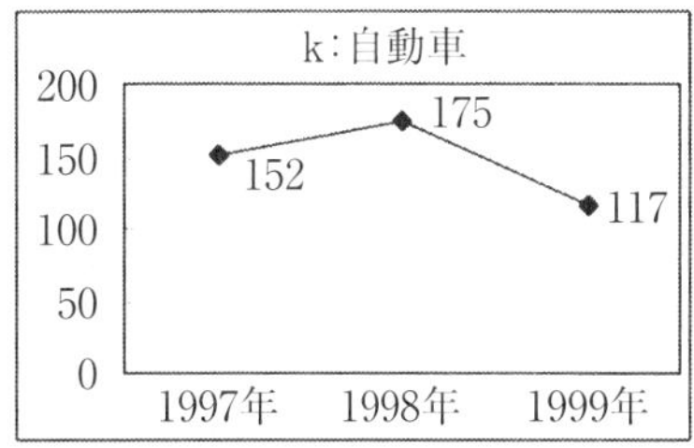

以上から、産業ごとのアジア経済危機の影響の有無が検出された。

なお、ここで分類されなかった産業は、1997年、1998年、1999年の3年間を通じて、格差縮小傾向を維持した産業であった。具体的には、a:食料品、f:窯業、g:鉄鋼の3産業であった。[8)]

次に、各産業のデータ間に散らばりがあるか否かを、平均値の差の検定:最小有意差法を用いて検証する。以下にその結果を示す。

「表4－6　平均値の差の検定:最小有意差法（産業間）」を瞥見すると1%水準で有意のものが10個、5%水準で有意のものが7個と、SASによる分散分析で得られた結果を裏付けるものとなった。よって、日・韓国際総合生産性指数による、労働生産性の国際比較指数は、各産業間で統計学的に有意差があることが判明した。

さらに、年度間の分散分析についても、分析をより深めるために、

8)　これらの産業は、アジア経済危機の影響を受けなかったという側面もあるが、同時に韓国にとって持続的な成長が見込める産業であるとも言えるだろう。これらの詳細な分析は後の因子分析で明らかにしていきたい。

表4-6　平均値の差の検定：最小有意差法（産業間）

平均値の差の検定：最小有意差法					**：1%有意	*：5%有意	
因　子	水準1	水準2	平均値1	平均値2	差	P値	判定
因子B	a	b	111	77	34	0.1181	
		c	111	112.67	−1.67	0.9370	
		d	111	72	39	0.0758	
		e	111	121.67	−10.7	0.6141	
		f	111	175.33	−64.3	0.0058	**
		g	111	99	12	0.5708	
		h	111	99.333	11.67	0.5815	
		i	111	91.667	19.33	0.3642	
		j	111	91.667	19.33	0.3642	
		k	111	148	−37	0.0908	
	b	c	77	112.67	−35.7	0.1022	
		d	77	72	5	0.8127	
		e	77	121.67	−44.7	0.0444	*
		f	77	175.33	−98.3	0.0001	**
		g	77	99	−22	0.3033	
		h	77	99.333	−22.3	0.2962	
		i	77	91.667	−14.7	0.4893	
		j	77	91.667	−14.7	0.4893	
		k	77	148	−71	0.0028	**
	c	d	112.67	72	40.67	0.0650	
		e	112.67	121.67	−9	0.6702	
		f	112.67	175.33	−62.7	0.0069	**
		g	112.67	99	13.67	0.5191	
		h	112.67	99.333	13.33	0.5292	
		i	112.67	91.667	21	0.3252	
		j	112.67	91.667	21	0.3252	
		k	112.67	148	−35.3	0.1052	
	d	e	72	121.67	−49.7	0.0271	*
		f	72	175.33	−103	0.0001	**
		g	72	99	−27	0.2095	
		h	72	99.333	−27.3	0.2042	
		i	72	91.667	−19.7	0.3562	
		j	72	91.667	−19.7	0.3562	
		k	72	148	−76	0.0016	**
	e	f	121.67	175.33	−53.7	0.0180	*

平均値の差の検定：最小有意差法					＊＊：1%有意		＊：5%有意
因　子	水準1	水準2	平均値1	平均値2	差	P値	判定
因子B	e	g	121.67	99	22.67	0.2893	
		h	121.67	99.333	22.33	0.2962	
		i	121.67	91.667	30	0.1651	
		j	121.67	91.667	30	0.1651	
		k	121.67	148	−26.3	0.2205	
	f	g	175.33	99	76.33	0.0015	＊＊
		h	175.33	99.333	76	0.0016	＊＊
		i	175.33	91.667	83.67	0.0007	＊＊
		j	175.33	91.667	83.67	0.0007	＊＊
		k	175.33	148	27.33	0.2042	
	g	h	99	99.333	−0.33	0.9874	
		i	99	91.667	7.333	0.7284	
		j	99	91.667	7.333	0.7284	
		k	99	148	−49	0.0290	＊
	h	i	99.333	91.667	7.667	0.7166	
		j	99.333	91.667	7.667	0.7166	
		k	99.333	148	−48.7	0.0299	＊
	i	j	91.667	91.667	0	1.0000	
		k	91.667	148	−56.3	0.0136	＊
	j	k	91.667	148	−56.3	0.0136	＊

EXCEL統計を用いて、各年度間[9]の最小有意差を見ていくことにする。以下はその結果である。

「表4-7　平均値の差の検定：最小有意差法（年度間）」を瞥見すると1997年と1998年の間では非有意、1997年と1999年の間では5%水準で有意、1998年と1999年の間では非有意という結果が出た。これは、SASによる3年間を通した分散分析で得られた結果、つまり年度間において5%水準で有意と出たものを、さらに補完するものになった。

この結果、3年間を通じた統計学的な有意差の存在は5%水準で有意であ

9）　注4）と同様。

表4-7　平均値の差の検定：最小有意差法（年度間）

平均値の差の検定：最小有意差法					＊＊：1％有意	＊：5％有意	
因子	水準1	水準2	平均値1	平均値2	差	P値	判定
因子A	1997年度	1998年度	123.9091	108.6364	15.27273	0.1755	
		1999年度	123.9091	94.54545	29.36364	0.0138	＊
	1998年度	1999年度	108.6364	94.54545	14.09091	0.2098	

るということで検出され、仮説に対する一定の成果を見ることができる。しかし、1998年と1997年、1999年のそれぞれの間に統計学的な有意差を検出できなかったということを鑑みた場合には、必ずしもアジア経済危機の影響が最も顕著に現れた1998年を中心に1997年から1999年の3年度間で、日・韓国際総合生産性指数＝産業の水準で大きな変動が存在するであろう、すなわち、韓国経済にとっての転換点でそこにあったのではないかという仮説を十分に満たすものであったとはいえない。[10] しかし、実際に韓国経済に大きな変動があったということは周知の事実であり、それは、産業の水準にも現れているはずである。このことに対して考察してみるとき、その手がかりを与えてくれるものとして、「表4-5・図4-2　2要因の組み合わせによる平均値表（産業別）」が挙げられるだろう。つまり、年度間の統計学的な有意差が仮説を満たすような十分なものでなくても、各産業はそれぞれの特徴を示しているということである。前でも述べたことではあるが、1998年の時点で谷折れのグラフを示した産業は、影響を受けなかったものであり、また、山なりのグラフを示した産業は影響を受けたものとして分類した。つまり、山なりのグラフを示した産業こそが、韓国経済の動向を如実に現しているものであると結論付けられるのである。

また、補足すると、山なりや谷折れのグラフを示さなくとも、右肩下が

10）1997年と1999年の間には1％水準で有意であり、統計学的に有意差があるが、ここでは、1998年と1997年の間の相違と1998年と1999年の間の相違の存在の有無が問題であるため、あえて触れない。

りのグラフを示す産業は、3年間を通じて生産性格差を縮小させた産業であり、韓国にとって将来性が有望な産業であるといえる。[11] 反対に、右肩上がりのグラフを示す産業は、3年間を通じて生産性格差を拡大させた産業であり、韓国にとって将来性の期待が薄い産業であるといえるが、該当する産業は存在しなかった。

本章の総括

以上の「表3-1　日・韓国際個別生産性指数」、「表3-2　日・韓国際総合生産性指数」および「表4-1　日・韓国際個別生産性指数（ソート表）」のデータに基づく各年度の各品目・各産業部門の相関分析・分散分析の結果をまとめると、以下のようになる。まず相関分析は、その目的を産業構造の不均衡発展の検出とした。そして、品目の水準と産業の水準で分析を行い、品目の水準では、1997年、1998年、1999年の3年間について、順位相関は1％水準で有意であることから、同質の比較優位・比較劣位構造の検出に至った。そして、産業の水準では、ピアソンの相関分析は、1998, 99年が非有意、その他の年度は5％水準で有意であり、また、順位相関分析の結果、すべての年度において非有意であるので、日・韓比較優位・比較劣位構造は、3年の間で産業構造のダイナミックな変化を裏付けるものとなった。国際個別生産性指数＝品目の水準での結果と国際総合生産性指数＝産業の水準の結果を照合すると、必ずしも対応しないが、おそらくこれは土台である国際個別生産性指数＝品目の水準での変化が、上部構造である国際総合生産性指数＝産業の水準に反映されるまでタイム・ラグ等の様々な理由が存在したことが大きいと思われる。したがって、品目の水準での産業構造の不均衡発展は検出されなかったが、産業の水準では産業構造の不均衡

11）a：食料品、f：窯業、g：鉄鋼の各産業がこれに該当する。

発展を検出することができた。

この相関分析を補完し、さらに詳細な分析をするために、分散分析を行った。その目的は、各品目・各産業の具体的な推移やアジア経済危機の影響の有無の検出、各年度間の有意差を検出することで、韓国経済の変動を捕らえることである。まず、日・韓国際個別生産性指数＝品目の水準における結果は、各品目間では1％水準で有意であるので、各品目間では統計学的に有意差があることが判明した。これは、平均値の差の検定：最小有意差法からも見て取ることができ、かなりの不均等発展を示すものとなった。しかし、年度間では統計学的に有意差があるとはいえず、仮説を満たすものではなかったが、各品目の動向を探ることで、アジア経済危機の影響を受け、韓国経済の変動を示している品目を検出した。その品目は、i：人造氷、k：毛紡糸、o：背広服ズボン、s：ストッキング、w：プラスチック、y：ゼラチン・接着剤、at：アルミ鋳物、aw：釘、ay：テレビ受信機、bc：洗濯機、bf：電話機などである。

同様に、日・韓国際総合生産性指数＝産業の水準における結果は、各産業間では1％水準で有意であるので、各産業間では統計学的に有意差があることが判明した。これは、平均値の差の検定：最小有意差法からも見て取ることができ、かなりの不均等発展がみられた。また、年度間については、3年を通じた年度間では5％水準で有意であったので、統計学的に有意差があったが、各年度間の分析では、1998年と1997年、1999年のそれぞれの間に統計学的な有意差を検出できなかったということから、仮説を十分に満たすものであったとはいえないが、各産業の動向を探ることで、アジア経済危機の影響を受け、韓国経済の変動を示している産業を検出した。その産業は、b：繊維・衣服、e：ゴム・皮革、i：金属製品、j：電気機器、k：自動車の5つの産業である。

第5章　日・韓国際個別生産性指数の因子分析

本章は、「表3-1　日・韓国際個別生産性指数」に基づいて、因子分析を行う。これまでに日・韓国際個別生産性指数、すなわち品目の水準において、クラスター分析や相関分析、分散分析等で日韓比較優位・比較劣位品目を検出し、両国の比較優位・比較劣位構造＝国際分業構造の検出および変化・推移の把握を試みてきた。以降では、さらに分析を進め、算定年度である1997年から1999年の3年間を通した日韓両国の比較優位・比較劣位構造＝国際分業構造の特徴と変化・推移をより詳細に、また視覚的に把握しようとすることを目的とする。

第1節　日・韓国際個別生産性指数の因子分析-回転前

この節では、「表3-1　日・韓国際個別生産性指数」に基づいて、SAS（Statistical Analysis System）により因子分析を行う。［出力結果］は以下の通りである。

前ページの［出力結果］から、ここで必要とする最小限の情報を拾い上げると、以下のようになる。

まず、Eigenvalues of the Correlation Matrix：Total＝3 Average＝1およびVariance Explained by each factorによれば、第1因子（FACTOR1）の固有値（Eigenvalues）は1.9614、寄与率（Proportion）は0.6538で、第2因子（FACTOR2）の固有値（Eigenvalues）は0.6597、寄与率（Proportion）は0.2199である。第1因子（FACTOR1）は1より大きいので問題はない。第2

［日・韓国際個別生産性指数の因子分析：出力結果］

```
Initial Factor Method: Principal Components

Prior Communality Estimates: ONE

Eigenvalues of the Correlation Matrix:  Total = 3  Average = 1

                      1          2          3
Eigenvalue       1.9614     0.6597     0.3788
Difference       1.3017     0.2809
Proportion       0.6538     0.2199     0.1263
Cumulative       0.6538     0.8737     1.0000

2 factors will be retained by the NFACTOR criterion.

Factor Pattern

              FACTOR1    FACTOR2

X1            0.75863    0.60686     1997
X2            0.87687   -0.04293     1998
X3            0.78551   -0.53816     1999

Variance explained by each factor

              FACTOR1    FACTOR2
             1.961444   0.659747


Final Communality Estimates: Total = 2.621190

              X1         X2         X3
        0.943796   0.770745   0.906649


Scoring Coefficients Estimated by Regression

Squared Multiple Correlations of the Variables with each Factor

              FACTOR1    FACTOR2
             1.000000   1.000000

Standardized Scoring Coefficients

              FACTOR1    FACTOR2

X1            0.38677    0.91984     1997
X2            0.44705   -0.06508     1998
X3            0.40048   -0.81571     1999
```

因子（FACTOR2）は1より小さいが、寄与率（Proportion）の値が0.2199で分析を行うにおいて妥当性が見出されるので、問題なく2因子モデルとして設定される。

さて、Factor Patternによると、第1因子（FACTOR1）は、各変数全てにおいて、因子負荷量の係数は、すべて正である。このことは、第1因子（FACTOR1）の値が大であれば、各変数の値も大であることを意味し、その値が小であれば、各変数の値も小である。したがって、第1因子（FACTOR1）は、全期間にわたる労働生産性較差の数値の大・小を意味しているものと解釈される。

したがって、a）全期間において各時点の労働生産性の較差の数値が大であれば、後に示される各オブザベーションの因子得点が高くなり（＋表示）、b）全期間において各時点の労働生産性の較差の数値が小であれば、各オブザベーションの因子得点が低くなる（－表示）、というように解釈する。

同じく、Factor Patternによると、第2因子（FACTOR2）は、期間の前半（X_1）の因子負荷量の係数は正で、期間の後半（X_2、X_3）の因子負荷量の係数は負である。そこで、この第2因子（FACTOR2）を、期間の前半（X1）の較差拡大・較差縮小とみると、期間の前半（X_1）で較差拡大であれば、第2因子の因子得点が大となり（＋表示）、期間の前半（X_1）で較差縮小であれば、第2因子の因子得点が小となる（－表示）、と解釈する。つまり、裏を返せば、第2因子の因子得点が大となる（＋表示）とき、期間の後半では較差縮小と言い換えることができよう。同様に、第2因子の因子得点が小となる（－表示）ときは、期間の後半で較差拡大といえる。

以上のように、第1因子（FACTOR1）、第2因子（FACTOR2）は、解釈されるであろう。

さて、各品目の第1因子（FACTOR1）、第2因子（FACTOR2）の因子負荷量は［出力結果］によれば、以下の因子得点表に示される通りである。

表5-1　日・韓国際個別生産性指数の因子得点表（品目別）

品目別・因子得点表				
品目名		FACTOR1	FACTOR2	象限
a	水産品缶詰	2.56012	1.8597	1
b	小麦粉	0.27428	1.97874	1
c	澱粉	0.99781	－1.32375	2
d	バター	－0.24632	0.79909	4
e	チーズ	0.14064	0.71065	1
f	練乳・粉乳	－1.11252	－0.16499	3
g	ショートニング油	－0.07346	0.38761	4
h	マーガリン	－0.26258	0.12971	4
I	ビール	－0.36828	0.62468	4
j	人造氷	0.73362	－0.56366	2
k	綿紡糸	－0.31263	－0.46358	3
l	毛紡糸	－0.01484	0.02026	4
m	毛織物	－1.06301	－0.45335	3
n	背広服	－0.71613	－0.48406	3
o	オーバーコート	－0.13266	0.01775	4
p	背広服ズボン	－0.53034	－0.59994	3
q	絨毯	－0.66694	－0.20746	3
r	ワイシャツ	－0.41499	－0.19464	3
s	T－シャツ	－0.23678	1.53538	4
t	ストッキング	－0.38957	0.02448	4
u	ニット手袋	－0.32055	－0.21161	3
v	洋紙	－0.4228	0.34008	4
w	板紙	0.72773	0.16132	1
x	プラスチック	－0.42509	－0.2445	3
y	合成繊維糸	－0.92543	－0.53048	3
z	印刷インキ	－0.51019	－0.1755	3
aa	ゼラチン	3.52003	1.27872	1
ab	家庭用石鹸	－0.1865	－0.15168	3
ac	界面活性剤	－0.20975	－0.06447	3
ad	合成ゴム	－1.14617	－0.16248	3
ae	染料	－0.25656	－0.13054	3
af	石油化学系製品	0.94238	0.08202	1
ag	自動車ガソリン	－0.5249	0.32222	4
ah	灯油	2.55079	－0.99957	2
ai	ナフサ	1.98198	－0.28036	2

品目別・因子得点表				
品目名		FACTOR1	FACTOR2	象限
aj	乗用車用タイヤ	0.4542	−0.18156	2
ak	自動車チューブ	−1.26184	−0.17436	3
al	男子用革靴	0.47562	0.33463	1
am	旅行かばん	−1.19849	−0.27896	3
an	ハンドバッグ	−0.83293	−0.40706	3
ao	セメント	0.75599	1.22571	1
ap	石灰	0.43502	0.37687	1
aq	石膏プラスタ	−0.62607	−0.27185	3
ar	鉄鋼	−0.37635	0.11566	4
as	鋳鉄管	0.52892	−0.33104	2
at	鋳鋼	−0.89715	−0.16973	3
au	可鍛鋳鉄	−0.31247	−0.43783	3
av	鉛地金	−0.92521	−0.24908	3
aw	亜鉛地金	−0.87479	−0.32736	3
ax	金地金	1.40948	1.94221	1
ay	アルミ圧延	0.6865	0.61319	1
az	銅・合金・鋳物	0.13984	2.11386	1
ba	アルミ鋳物	−0.69795	−1.03763	3
bb	リベット	−0.09921	0.44341	4
bc	鉄製金網	−0.68311	−0.20616	3
bd	釘	−0.278	0.26878	4
be	テレビ受信機	−0.23222	−0.25108	3
bf	ラジオ受信機	−0.9071	−0.41193	3
bg	洗濯機	0.67541	0.53209	1
bh	扇風機	−1.23378	−0.095	3
bi	一般照明電球	2.68418	−5.50037	2
bj	電話機	−0.00771	−0.67618	3
bk	自動車	0.23882	0.17499	1

そして、これに基づき各品目の因子得点を平面にプロットしたのが、[図5-1] である。

［出力結果〈因子得点プロット〉］から、意味ある情報を引き出すと以下のようになる。[1)]

A．第1象限（FACTOR1；全期間較差拡大（+）、FACTOR2；期間の前半で較差拡大（+））

「a.水産品缶詰、b.小麦粉、e.チーズ、w.板紙、aa.ゼラチン・接着剤、af.石油化学系基礎製品、al.男子用革靴、ao.セメント、ap.石灰、ax.金地金、ay.アルミ圧延・押しだし、az.銅・合金・鋳物、bg.洗濯機、bk.自動車」

B．第2象限（FACTOR1；全期間較差拡大（+）、FACTOR2；期間の前半で較差縮小（−））

「c.澱粉、j.人造氷、ah.灯油、ai.ナフサ、aj.乗用車用タイヤ、as.鋳鉄管・そ銑鋳物、bi.一般照明電球」

C．第3象限（FACTOR1；全期間較差縮小（−）、FACTOR2；期間の前半で較差縮小（−））

「f.練乳・粉乳、k.綿紡糸、m.毛織物、n.男子・少年用背広服、p. 背広服ズボン、q.絨毯、r.ワイシャツ、u.作業用ニット手袋、x.プラスチック、y.合成繊維糸、z.印刷インキ、ab.家庭用石鹸、ac.界面活性剤、ad.合成ゴム、ae.染料、ak.自動車チューブ、am.なめし皮製旅行かばん、an.なめし皮製ハンドバッグ、aq.石膏プラスタ、at.鋳鋼、au.可鍛鋳鉄、av.鉛地金、aw.亜鉛地金、ba.アルミ鋳物、bc.鉄製金網、be.テレビ受信機、bf.ラジオ受信機、bh.扇風機・換気扇、bj.電話機」

D．第4象限（FACTOR1；全期間較差縮小（−）、FACTOR2；期間の前半で較差拡大（+））

「d.バター、g.ショートニング油、h.マーガリン、i.ビール、l.毛紡糸、o.

1）　ここで示す因子得点プロットには、数々の品目が重なり合い、非常に見辛くなってしまったため、先の因子得点表の情報を中心にどの品目がどの象限に分布しているのか述べることにする。

図5-1　日・韓国際個別生産性指数の因子分析：因子得点プロット（回転前）

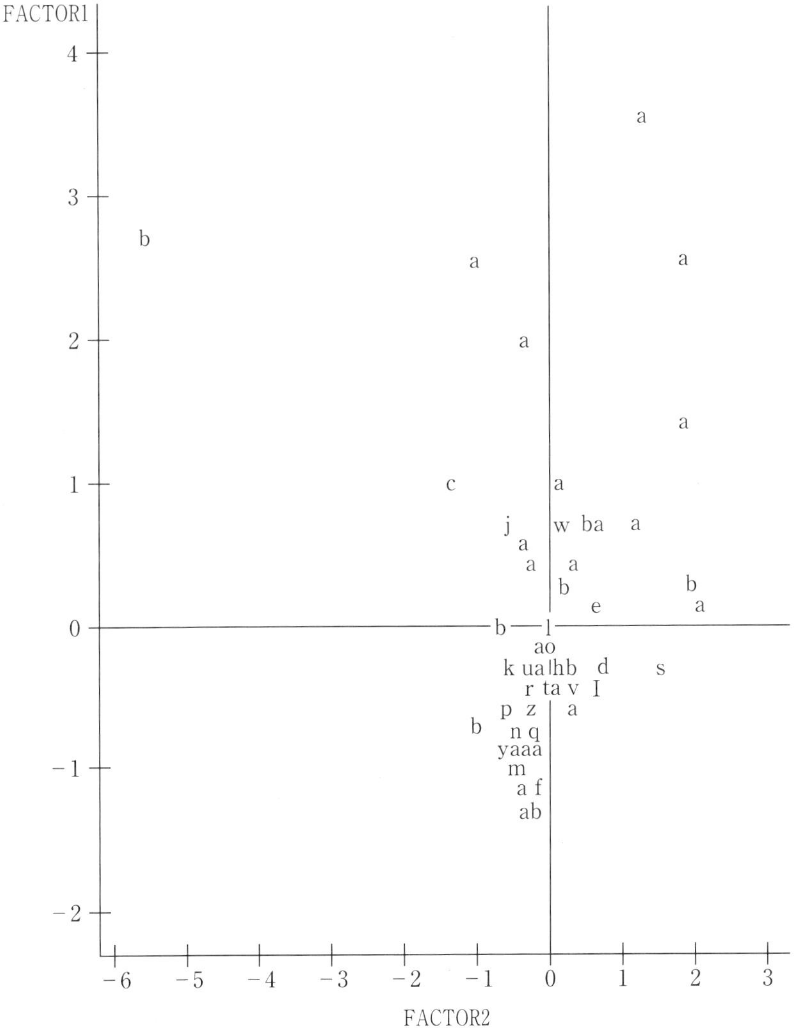

FACTOR1

FACTOR2

男子・少年用オーバーコート、s.T－シャツ、t.ストッキング、v.洋紙、ag.自動車用ガソリン、ar.鉄鋼、bb.リベット、bd.釘」

すでに、第4章、第1節「日・韓国際個別生産性指数の順位相関分析」で、1997年、1998年、1999年の韓国から見た比較優位・比較劣位品目を各年度について検出する方法を提示したが、その特徴を把握しづらいところがあった。

しかし、この因子分析で、十分ではないが、それが少し見えてきつつある。上述［出力結果〈因子得点プロット〉］を整理すると、1997年、1998年、1999年の期間において、韓国から見た比較劣位品目は、第1象限および第2象限に対応して点在しており、韓国から見た比較優位品目は、第3象限および第4象限に対応して点在しているようである。

第1象限にある品目については、全期間で日・韓生産性較差が拡大し、前半の期間で較差の拡大の要因が強い品目のプロットである（つまり、期間の後半で較差縮小要因が強いと言い換えられる）。この象限に属する品目は、基本的には、韓国にとって比較劣位に対応する品目で、競争力のない品目であるが、将来は較差縮小傾向を持続すると、比較優位に転化する可能性を含む品目である。

第2象限は、全期間で日・韓生産性較差が拡大し、期間の前半で較差拡大の要因が弱い品目のプロットである（つまり、期間の後半で較差拡大要因が強いと言い換えられる）。この象限に属する品目は、韓国にとって比較劣位に対応する品目で、競争力のない品目である。

第3象限は、全期間で較差が縮小し、期間の前半では較差拡大の要因が弱い品目のプロットである（つまり、期間の後半で較差拡大要因が強いと言い換えられる）。この象限に属する品目は、基本的には、韓国の比較優位に対応する品目であるが、期間の後半の較差拡大傾向を持続すると、比較劣位品目に転化する可能性を含む品目である。

第4象限は、全期間で較差が縮小し、期間の前半では較差拡大の要因が強い品目のプロットである（つまり、期間の後半で較差縮小要因が強いと言い換えられる）。この象限に属する品目は、基本的には、韓国の比較優位に対応する品目である。

第2節　日・韓国際個別生産性指数の因子分析–バリマックス法

第1節の因子分析をさらに進めて、同じく「表3-1　日・韓国際個別生産性指数」に基づいて、SAS（Statistical Analysis System）により、バリマックス法を用いて因子分析を試みる。［出力結果］は次頁の通りである。

バリマックス法の［出力結果］によれば、2つの因子の分散を示す“Variance explained by each factor”で、第1因子（FACTOR1）が1.392149、第2因子（FACTOR2）が1.229041と、第1因子および第2因子ともに1以上で、さらに総分散3のうち2.621190、すなわち、87.37%の情報を集めており、2因子モデルが成り立つであろう。

次に、回転後の因子負荷量（Rotated Factor Pattern）については、見られるとおり、第1因子（FACTOR1）が期間の後半（X_2、X_3）に大きな因子負荷量を有しており、第2因子（FACTOR2）は期間の前半（X_1、X_2）に大きな因子負荷量を示している。そこで、第1因子（FACTOR1）を期間の後半（X_2、X_3）の労働生産性較差拡大・縮小要因、第2因子（FACTOR2）を期間の前半（X_1、X_2）の労働生産性較差拡大・縮小要因、と解釈する。

このように解釈したのち、各オブザベーションの因子得点表を示すと、表5-2のとおりである。

次に、第1因子を期間の後半の生産性較差拡大・縮小を示すものとして、これをY軸にとり、第2因子を期間の前半の生産性較差拡大・縮小を示すものとして、これをX軸にとり、各品目の因子得点を平面にプロットしたのが、［図5－2］である。

［日・韓国際個別生産性指数の因子分析：出力結果（バリマックス法)］

```
                 Rotation Method: Varimax

             Orthogonal Transformation Matrix

                           1          2

                 1      0.75010    0.66132
                 2     -0.66132    0.75010

                  Rotated Factor Pattern

                     FACTOR1    FACTOR2

        X1           0.16771    0.95691     1997
        X2           0.68613    0.54769     1998
        X3           0.94511    0.11580     1999

             Variance explained by each factor

                      FACTOR1    FACTOR2
                     1.392149   1.229041


     Final Communality Estimates: Total = 2.621190

                      X1          X2          X3
                0.943796    0.770745    0.906649


        Scoring Coefficients Estimated by Regression

Squared Multiple Correlations of the Variables with each Factor

                      FACTOR1    FACTOR2
                     1.000000   1.000000

             Standardized Scoring Coefficients

                     FACTOR1    FACTOR2

        X1          -0.31820    0.94575     1997
        X2           0.37837    0.24683     1998
        X3           0.83985   -0.34702     1999
```

［出力結果〈因子得点プロット（回転後）〉］から、意味ある情報を引き出すと以下のようになる。

A．第1象限（FACTOR1；期間の後半で較差拡大（＋）、FACTOR2；期間の前半で較差拡大（＋））

「a.水産品缶詰、j.人造氷、w.板紙、aa.ゼラチン・接着剤、af.石油化学系基礎製品、ah.灯油、ai.ナフサ、aj.乗用車用タイヤ、al.男子用革靴、ap.石灰、as.鋳鉄管・そ銑鋳物、ay.アルミ圧延・押しだし、bg.洗濯機、bk.自動車」

B．第2象限（FACTOR1；期間の後半で較差拡大（＋）、FACTOR2；期間の前半で較差縮小（－））

「c.澱粉、k.綿紡糸、au.可鍛鋳鉄、ba.アルミ鋳物、bi.一般照明電球、bj.電話機」

C．第3象限（FACTOR1；期間の後半で較差縮小（－）、FACTOR2；期間の前半で較差縮小（－））

「f.練乳・粉乳、h.マーガリン、m.毛織物、n.男子・少年用背広服、o.オーバーコート、p. 背広服ズボン、q.絨毯、r.ワイシャツ、t.ストッキング、u.作業用ニット手袋、v.洋紙、x.プラスチック、y.合成繊維糸、z.印刷インキ、ab.家庭用石鹸、ac.界面活性剤、ad.合成ゴム、ae.染料、ag.自動車ガソリン、ak.自動車チューブ、am.なめし皮製旅行かばん、an. なめし皮製ハンドバッグ、aq.石膏プラスタ、ar.鉄鋼、at.鋳鋼、av.鉛地金、aw.亜鉛地金、bc.鉄製金網、be.テレビ受信機、bf.ラジオ受信機、bh.扇風機・換気扇」

D．第4象限（FACTOR1；期間の後半で較差縮小（－）、FACTOR2；期間の前半で較差拡大（＋））

「b.小麦粉、d.バター、e.チーズ、g.ショートニング油、i.ビール、l.毛紡糸、s.T－シャツ、ao.セメント、ax.金地金、az.銅・合金・鋳物、bb.リベット、bd.釘」

表5-2　日・韓国際個別生産性指数の因子得点表（品目別）〈バリマックス法〉

品目別・因子得点表				
品目名		FACTOR1	FACTOR2	象限
a	水産品缶詰	0.69049	3.08803	1
b	小麦粉	−1.10285	1.66564	4
c	澱粉	1.62389	−0.33307	2
d	バター	−0.71322	0.4365	4
e	チーズ	−0.36447	0.62607	4
f	練乳・粉乳	−0.72539	−0.85949	3
g	ショートニング油	−0.31143	0.24217	4
h	マーガリン	−0.28274	−0.07635	3
I	ビール	−0.68936	0.22503	4
j	人造氷	0.92305	0.06235	1
k	綿紡糸	0.07208	−0.55448	2
l	毛紡糸	−0.02453	0.00539	4
m	毛織物	−0.49756	−1.04305	3
n	背広服	−0.21705	−0.83669	3
o	オーバーコート	−0.11125	−0.07442	3
p	背広服ズボン	−0.00106	−0.80074	3
q	絨毯	−0.36308	−0.59668	3
r	ワイシャツ	−0.18256	−0.42044	3
s	T－シャツ	−1.193	0.9951	4
t	ストッキング	−0.30841	−0.23927	3
u	ニット手袋	−0.1005	−0.37071	3
v	洋紙	−0.54205	−0.02451	3
w	板紙	0.43919	0.60227	1
x	プラスチック	−0.15716	−0.46452	3
y	合成繊維糸	−0.34335	−1.00992	3
z	印刷インキ	−0.26663	−0.46904	3
aa	ゼラチン	1.79474	3.28705	1
ab	家庭用石鹸	−0.03958	−0.23711	3
ac	界面活性剤	−0.1147	−0.18707	3
ad	合成ゴム	−0.7523	−0.87986	3
ae	染料	−0.10612	−0.26759	3
af	石油化学系製品	0.65264	0.68474	1
ag	自動車ガソリン	−0.60682	−0.10543	3
ah	灯油	2.57439	0.93712	1
ai	ナフサ	1.67209	1.10043	1

品目別・因子得点表				
	品目名	FACTOR1	FACTOR2	象限
aj	乗用車用タイヤ	0.46077	0.16418	1
ak	自動車チューブ	−0.8312	−0.96527	3
al	男子用革靴	0.13547	0.56554	1
am	旅行かばん	−0.71451	−1.00184	3
an	ハンドバッグ	−0.35558	−0.85617	3
ao	セメント	−0.24352	1.41936	4
ap	石灰	0.07708	0.57038	1
aq	石膏プラスタ	−0.28983	−0.61795	3
ar	鉄鋼	−0.35879	−0.16213	3
as	鋳鉄管	0.61567	0.10147	1
at	鋳鋼	−0.56071	−0.72062	3
au	可鍛鋳鉄	0.05517	−0.53506	2
av	鉛地金	−0.52927	−0.7987	3
aw	亜鉛地金	−0.43968	−0.82407	3
ax	金地金	−0.22717	2.38897	4
ay	アルミ圧延	0.10943	0.91395	1
az	銅・合金・鋳物	−1.29305	1.67809	4
ba	アルミ鋳物	0.16267	−1.2399	2
bb	リベット	−0.36765	0.267	4
bc	鉄製金網	−0.37606	−0.6064	3
bd	釘	−0.38628	0.01777	4
be	テレビ受信機	−0.00815	−0.34191	3
bf	ラジオ受信機	−0.408	−0.90888	3
bg	洗濯機	0.15474	0.84578	1
bh	扇風機	−0.86263	−0.88719	4
bi	一般照明電球	5.65093	−2.35072	2
bj	電話機	0.44139	−0.51231	2
bk	自動車	0.06341	0.2892	1

第1象限は､期間の前半および後半で生産性較差が拡大した品目のプロットである。この象限に属する品目は、韓国にとって比較劣位に対応する品目で、競争力のない品目である。

第2象限は、期間の後半で較差拡大し、期間の前半で較差縮小した品目のプロットである。この象限に属する品目は、後半の期間での較差拡大傾

図5-2　日・韓国際個別生産性指数の因子分析：因子得点プロット（回転後）

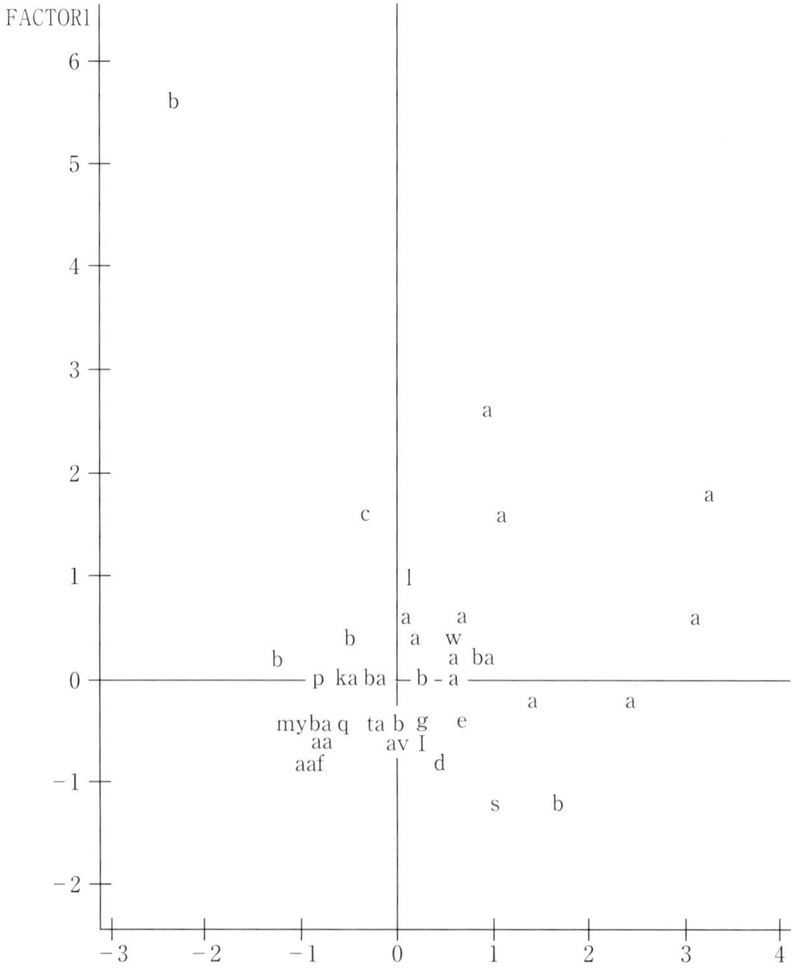

向が持続されれば、第1象限に位置を移し、比較劣位に転じる可能性を含むであろう。

第3象限は、期間の前半および後半で生産性較差が縮小した品目のプロットである。この象限に属する品目は、韓国の比較優位に対応する品目である。

第4象限は、期間の後半で較差縮小し、期間の前半で較差拡大した品目のプロットである。この象限に属する品目は、後半の期間での較差縮小傾向を持続するならば、第3象限に位置を移し、韓国の比較優位へと転ずる可能性がある。

本章の総括

以上のことから、ここでの分析は各品目を扱ったため、それぞれの細かい状況については比較的有効であったように思われる。

しかし、因子分析による因子得点プロットからも見受けられるように、各象限にどのような産業に属する品目が特徴的に配置されているかを特定することは難しい。したがって、課題としては、産業ごとの分析を行うことも必要であろう。

次章では、「日・韓国際総合生産性指数」を用いて、各産業について見ていく。

第6章　日・韓国際総合生産性指数の因子分析

本章は、「表3-2　日・韓国際総合生産性指数」に基づいて、因子分析を行う。これまでに日・韓国際総合生産性指数、すなわち産業の水準において、クラスター分析や相関分析、分散分析等で日韓比較優位・比較劣位品目を検出し、両国の比較優位・比較劣位構造＝国際分業構造の検出および変化・推移の把握を試みてきた。以降では、さらに分析を進め、算定年度である1997年から1999年の3年間を通した日韓両国の比較優位・比較劣位構造＝国際分業構造の特徴と変化・推移をより詳細に、また視覚的に把握するとともに、韓国のV字型回復の達成に寄与したと思われる産業部門を検出することに目的をおく。

第1節　日・韓国際総合生産性指数の因子分析-回転前

この節では、「表3-2　日・韓国際総合生産性指数」に基づいて、SAS（Statistical Analysis System）により因子分析を行う。［出力結果］は次頁の通りである。

以上の［出力結果］から、ここで必要とする最小限の情報を拾い上げると、以下のようになる。

まず、Eigenvalues of the Correlation Matrix: Total＝3 Average＝1 およびVariance Explained by each factorによれば、第1因子（FACTOR1）の固有値（Eigenvalues）は2.192107、寄与率（Proportion）は0.7307で、第2因子（FACTOR2）の固有値（Eigenvalues）は0.534106、寄与率（Proportion）

[日・韓国際総合生産性指数の因子分析：出力結果]

```
          Initial Factor Method: Principal Components

                Prior Communality Estimates: ONE

     Eigenvalues of the Correlation Matrix:  Total = 3  Average = 1

                              1           2           3
          Eigenvalue      2.1921      0.5341      0.2738
          Difference      1.6580      0.2603
          Proportion      0.7307      0.1780      0.0913
          Cumulative      0.7307      0.9087      1.0000

         2 factors will be retained by the NFACTOR criterion.

                         Factor Pattern

                       FACTOR1   FACTOR2

              X1       0.90960  -0.06686     1997
              X2       0.80970   0.55934     1998
              X3       0.84209  -0.46559     1999

                 Variance explained by each factor

                         FACTOR1   FACTOR2
                        2.192107  0.534106


            Final Communality Estimates: Total = 2.726212

                         X1         X2         X3
                   0.831840   0.968470   0.925903


              Scoring Coefficients Estimated by Regression

    Squared Multiple Correlations of the Variables with each Factor

                         FACTOR1   FACTOR2
                        1.000000  1.000000

                 Standardized Scoring Coefficients

                       FACTOR1   FACTOR2

              X1       0.41494  -0.12519     1997
              X2       0.36937   1.04724     1998
              X3       0.38415  -0.87173     1999
```

は0.1780である。第1因子(FACTOR1)は1より大きいが、第2因子(FACTOR2)は1より小さい。よって第2因子（FACTOR2）については、寄与率の0.1780を拠り所として、2因子モデルとして設定される。

次に、Factor Patternは、第1因子（FACTOR1）および第2因子（FACTOR2）の因子負荷量の推定値である。このFactor Patternによると、第1因子（FACTOR1）は、各変数全てにおいて、因子負荷量の係数は、すべて正である。このことは、第1因子（FACTOR1）の値が大であれば、変数の値も大であることを意味し、その値が小であれば、各変数の値も小となる。それゆえに、第1因子（FACTOR1）は、全期間にわたる労働生産性較差の数値の大・小を意味しているものと解釈される。

したがって、a）全期間（X_1、X_2、X_3）において各時点の労働生産性較差の数値が大きければ、後に示される各オブザベーションの因子得点が高くなり（＋表示)、b）全期間において各時点の労働生産性較差の数値が小さければ、各オブザベーションの因子得点が低くなる（－表示)、というように解釈する。

同じく、Factor Patternによると、第2因子（FACTOR2）は、期間の真中（X_2）の因子負荷量の係数は正で、期間の前後（X_1、X_3）の因子負荷量の係数は負である。そこで、この第2因子（FACTOR2）を、期間の真中（X_2）の較差拡大・較差縮小とみると、期間の真中（X_2）で較差拡大であれば、第2因子の因子得点が大となり（＋表示)、期間の真中（X_2）で較差縮小であれば、第2因子の因子得点が小となる（－表示)、と解釈する。

以上のように、第1因子（FACTOR1)、第2因子（FACTOR2）は、解釈されるであろう。

さて、各産業の第1因子（FACTOR1)、第2因子（FACTOR2）の因子負荷量は［出力結果］によれば、以下の因子得点表に示される通りである。

そして、これに基づき各品目の因子負荷量を平面にプロットしたのが、［図6-1］である。

［出力結果〈因子得点プロット〉］から、意味ある情報を引き出すと以下

表6-1　日・韓国際総合生産性指数の因子得点表（産業）

因子得点表（産業）				
産　業		FACTOR1	FACTOR2	象限
a	食料品	−0.09921	0.39791	4
b	繊維・衣服	−1.22503	1.3529	4
c	紙・パルプ	0.09147	−0.51526	2
d	石油・化学	−1.01043	−1.28838	3
e	ゴム・皮革	0.52932	−0.21481	2
f	窯業	2.13317	0.18571	1
g	鉄鋼	−0.36359	0.21809	4
h	非鉄金属	−0.11894	−2.0669	3
I	金属製品	−0.54264	0.16636	4
j	電気機器	−0.69835	1.10744	4
k	自動車	1.30423	0.65694	1

のようになる。

A．第1象限（FACTOR1；全期間較差拡大（+）、FACTOR2；期間の真中で較差拡大（+））

「f.窯業、k.自動車産業」

B．第2象限（FACTOR1；全期間較差拡大（+）、FACTOR2；期間の真中で較差縮小（−））

「c.紙・パルプ産業、e.ゴム・皮革産業」

C．第3象限（FACTOR1；全期間較差縮小（−）、FACTOR2；期間の真中で較差縮小（−））

「d.石油・化学、h.非鉄金属」

D．第4象限（FACTOR1；全期間較差縮小（−）、FACTOR2；期間の真中で較差拡大（+））

「a.食料品、b.繊維・衣服、g.鉄鋼、i.金属製品、j.電気機器」

上述［出力結果〈因子得点プロット〉］を整理すると、1997年、1998年、

図6-1　日・韓国際総合生産性指数の因子分析：因子得点プロット　（回転前）

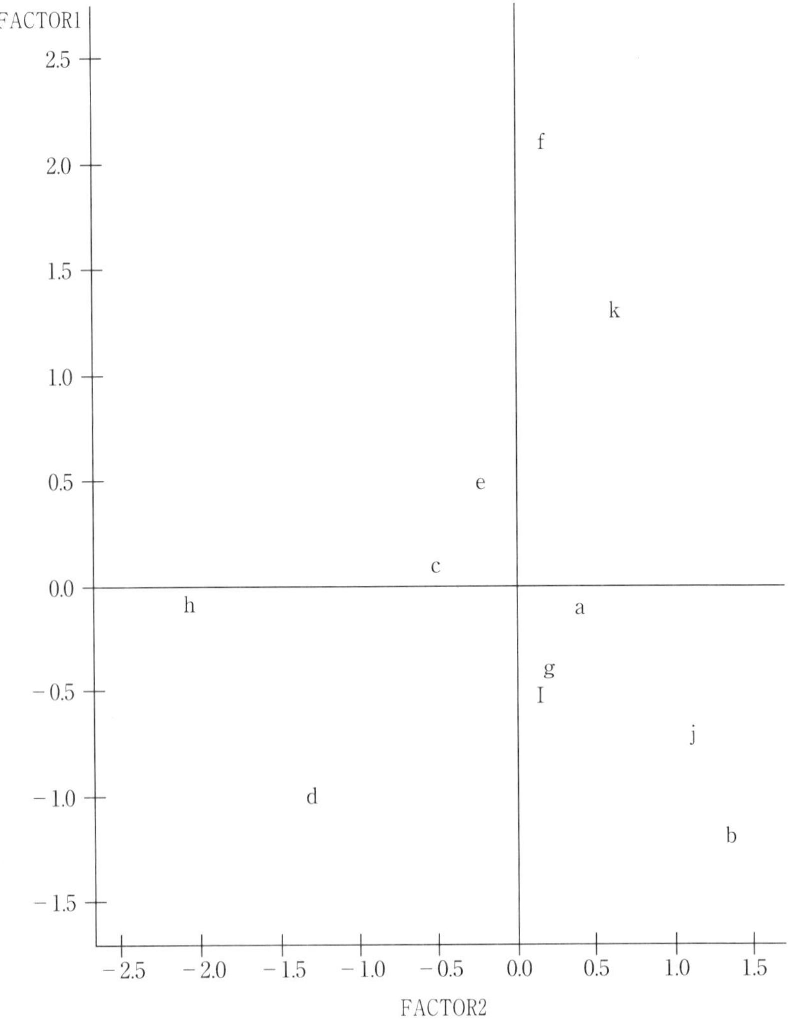

1999年の期間において、韓国から見た比較劣位産業は、第1象限および第2象限に対応して点在しており、韓国から見た比較優位産業は、第3象限および第4象限に対応して点在しているようである。

第1象限は、全期間で日・韓生産性較差が拡大し、期間の真中で較差拡大要因が強い産業のプロットである。この象限に属する産業は、韓国にとって比較劣位産業で、競争力のない産業である。

第2象限は、全期間で日・韓生産性較差が拡大し、期間の真中で較差拡大要因の弱い産業のプロットである。この象限に属する産業は、基本的には、韓国の比較劣位産業であり、期間の真中で較差縮小傾向がある産業である。

第3象限は、全期間で日・韓生産性較差が縮小し、期間の真中では日・韓生産性較差拡大要因の弱い産業のプロットである。この象限に属する産業は、基本的には、韓国の比較優位産業である。

第4象限は、全期間で日・韓生産性較差が縮小し、期間の真中では日・韓生産性較差拡大要因が強い産業のプロットである。この象限に属する産業は、基本的には、韓国の比較優位産業であり、期間の真中の較差拡大傾向を含む産業である。

第2節　日・韓国際総合生産性指数と因子分析 –バリマックス法

この節では、「表3-2　日・韓国際総合生産性指数」に基づいて、SAS（Statistical Analysis System）によりバリマックス法を用いて、因子分析を行い、［出力結果］を次頁に示す。

バリマックス法による結果については、2つの因子の分散を示す“Variance explained by each factor”で、第1因子（FACTOR1）が1.493217、第2因子（FACTOR2）が1.232995で、第1因子および第2因子ともに1以上で

［日・韓国際総合生産性指数の因子分析：出力結果（バリマックス法)］

```
                    Rotation Method: Varimax

                Orthogonal Transformation Matrix

                              1            2

                   1       0.76058      0.64925
                   2      -0.64925      0.76058

                     Rotated Factor Pattern

                     FACTOR1     FACTOR2

      X1             0.73523     0.53970      1997
      X2             0.25269     0.95111      1998
      X3             0.94276     0.19261      1999

               Variance explained by each factor

                        FACTOR1     FACTOR2
                       1.493217    1.232995


        Final Communality Estimates: Total = 2.726212

                        X1            X2            X3
                  0.831840      0.968470      0.925903


          Scoring Coefficients Estimated by Regression

  Squared Multiple Correlations of the Variables with each Factor

                        FACTOR1     FACTOR2
                       1.000000    1.000000

               Standardized Scoring Coefficients

                     FACTOR1     FACTOR2

      X1             0.39687     0.17419      1997
      X2            -0.39898     1.03632      1998
      X3             0.85814    -0.41361      1999
```

あり、また、総分散3のうち2.726212、すなわち、90.87%を説明している。したがって、2因子モデルが成立する。

次に、Factor Patternは、第1因子および第2因子の因子負荷量の推定値である。そこで、Related Factor Patternによれば、見られるとおり、第1因子は、期間の初めと終わり（X_1、X_3）に大きな因子負荷量を示している。第2因子（FACTOR2）は、期間の真中（X_2）で因子負荷量は大きい。そこで、第1因子（FACTOR1）を期間の初めと終わり（X_1、X_3）の労働生産性較差拡大・縮小要因、第2因子（FACTOR2）を期間の真中（X_2）の労働生産性較差拡大・縮小要因、と解釈する。

そして、因子得点表は以下のとおりである。

表6-2　日・韓国際総合生産性指数の因子得点表（産業）〈バリマックス法〉

因子得点表（産業）				
産　　業		FACTOR1	FACTOR2	象限
a	食料品	−0.3338	0.23823	4
b	繊維・衣服	−1.81009	0.23363	4
c	紙・パルプ	0.4041	−0.33251	2
d	石油・化学	−0.06797	−1.63593	2
e	ゴム・皮革	0.54205	0.18028	1
f	窯業	1.50187	1.52621	1
g	鉄鋼	−0.41814	−0.07019	3
h	非鉄金属	1.25147	−1.64925	2
I	金属製品	−0.52072	−0.22578	3
j	電気機器	−1.25015	0.38888	4
k	自動車	0.56545	1.34642	1

次に、第1因子を期間の初めと終わりの生産性較差拡大・縮小を示すものとして、これをY軸にとり、第2因子を期間の真中の生産性較差拡大・縮小を示すものとして、これをX軸にとり、各産業の因子得点を平面にプロットしたのが、［図6-2］である。

［出力結果〈因子得点プロット〉］から、意味ある情報を引き出すと以下

図6-2　日・韓国際総合生産性指数の因子分析：因子得点プロット　（回転後）

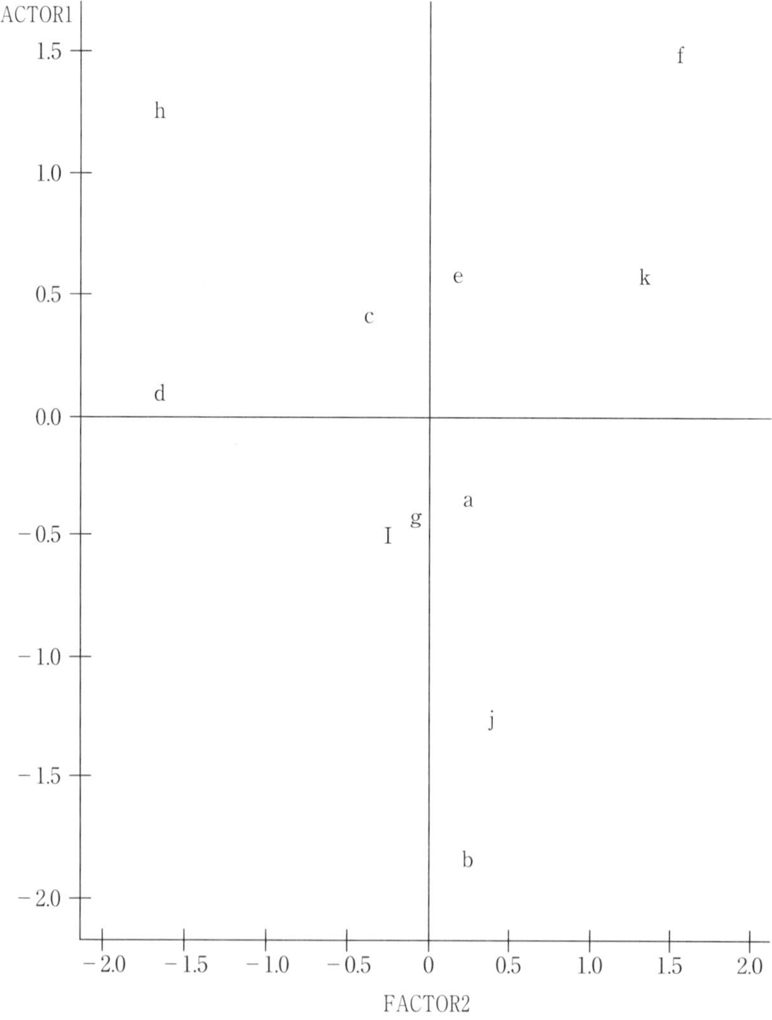

のようになる。

A．第1象限（FACTOR1；期間の初めと終わり較差拡大（＋）、
FACTOR2；期間の真中で較差拡大（＋））

「e.ゴム・皮革産業、f.窯業、k.自動車産業」

B．第2象限（FACTOR1；期間の初めと終わり較差拡大（＋）、
FACTOR2；期間の真中で較差縮小（－））

「c.紙・パルプ産業、d.石油・化学、h.非鉄金属」

C．第3象限（FACTOR1；期間の初めと終わり較差縮小（－）、
FACTOR2；期間の真中で較差縮小（－））

「g.鉄鋼、i.金属製品」

D．第4象限（FACTOR1；期間の初めと終わり較差縮小（－）、
FACTOR2；期間の真中で較差拡大（＋））

「a.食料品、b.繊維・衣服、j.電気機器」

第1象限は、期間の初めと終わりおよび真中（つまり、全期間と捉えても差し支えないだろう。）で生産性較差が拡大した産業のプロットである。この象限に属する産業は、韓国にとって比較劣位産業で、競争力のない産業であり、同時にアジア経済危機の影響を大きく受けた可能性のある産業である。この象限には、ゴム・皮革産業、窯業、自動車産業が属している。

第2象限は、期間の初めと終わりで較差拡大し、期間の真中で較差縮小した産業のプロットである。この象限に属する産業は、韓国にとって比較劣位産業であるが、アジア経済危機の影響が比較的少なかったものと思われる産業である。この象限には、紙・パルプ産業、石油・化学産業、非鉄金属産業が属している。

第3象限は、期間の初めと終わりおよび真中（つまり、全期間と捉えても差し支えないだろう。）で生産性較差が縮小した産業のプロットである。この象限に属する産業は、韓国の比較優位産業で、競争力のある産業であ

り、同時にアジア経済危機の影響をほとんど受けなかったであろうと思われる産業である。この象限には、鉄鋼業、非鉄金属産業が属している。

第4象限は、期間の初めと終わりで較差縮小し、期間の真中で較差拡大した産業のプロットである。この象限に属する産業は、韓国にとって比較優位産業であるが、アジア経済危機の影響を多分に受けたものと思われる産業である。この象限には、食料品、繊維･衣服、電気機器が属している。

以上の回転後の因子分析の結果を、回転前の因子分析の結果と比較してみる。すると回転前と回転後で同象限にあるものが多数見受けられるのである。それらを列挙してゆくと、第1象限では窯業と自動車産業、第2象限では紙・パルプ産業、第3象限には無く、第4象限では食料品産業と繊維・衣服産業と電気機器産業であり、その数は全産業11部門のうち、6部門に及ぶ。よって回転前の因子分析と回転後の因子分析は、相互補完的で産業別特徴を如実に反映しているものと思われる。

本章の総括

以上の「表3-2　日・韓国際総合生産性指数」のデータに基づく各年度および各産業部門の比較優位・比較劣位構造を主軸とした因子分析の結果をまとめると、以下のようになる。

韓国は1980年代後半から1990年代にかけて、産業の高度化によりそれまでの国際分業関係は新たな展開を示してきたということは、柳田義章教授がその著書のなかで述べられているところ[1]である。この傾向は、1990年代後半に入ってからも持続していると思われることは、1997年以降の日・韓国際総合生産性指数の算定結果を根拠にすることから明らかといえよ

1)　柳田義章『労働生産性の国際比較研究－リカードウ貿易理論と関連して－』、文眞堂、2002年、133ページ

う。では、これらの日・韓国際総合生産性指数はアジア経済危機によってどのように推移したのであろうか。

そこで、産業全体（総合指数Cの調査全部門）の推移を1997～1999年について瞥見すると、97年は126、98年は130、99年は100となった。やはり、この数値を見てもわかるように、アジア経済危機の影響が強かった1998年は、前年に比べて若干の較差拡大にとどまっており、1999年には急激に較差が縮小している。つまり、推測の域を脱し得ないけれども、過去に柳田教授が算定された日・韓国際総合労働生産性指数[2]を踏まえた上で、もしもアジア経済危機が発生していなかったら、1998年の130という値もより低いものであったであろうし、1999年の値もより低く、生産性較差縮小傾向はさらに強まったものと思われる。では、この比較対象年度である3年間のプロセスの中で、各産業がいかなる変化を遂げたのか、因子分析の結果を踏まえてみてみる。まずは、日・韓労働生産性較差縮小の主役を演じてきたと同時に、韓国の日本に対する比較優位部門を形成し、韓国の国際競争力を強化していった産業部門としては、食料品、繊維･衣服、石油･化学、鉄鋼、電気機器、非鉄金属の諸部門である。つぎに、1998年に生産性較差拡大したもの、つまりアジア経済危機の影響を強く受けたと思われる産業部門としては、食料品、繊維･衣服、金属製品、電気機器、自動車が挙げられる。残りの諸部門については、大きな変化は見られないか、あるいは逆に、経済危機の中においても生産性較差縮小傾向を示したものである。それでは、1998年においても生産性較差縮小傾向を示したものを挙げてみると、紙･パルプ、石油･化学、非鉄金属があてはまる。また、日・韓労働生産性較差縮小への関与が薄いのと同時に、韓国の日本に対する比較劣位部門を形成し、韓国の国際競争力の弱い産業部門としては、窯業、自動車がある。これらをまとめると、韓国の日本に対する比較優位部門で、かつアジア経済危機の影響が比較的少なかった産業部門は、紙･パルプ、石油

2）　柳田、前掲書（注2）、114ページ　［表3-2］日・韓国際総合生産性指数　参照。

·化学、鉄鋼の3部門である。つまりこれらの産業が、韓国の経済復興のなかで大きな役割を担ったとともに、産業基盤の強い部門であったといえるだろう。ちなみに、韓国の日本に対する比較劣位部門で、かつアジア経済危機の影響を強く受けたと思われる産業部門は自動車産業が挙げられ、さらに、韓国の日本に対する比較優位部門であるが、アジア経済危機の影響を強く受けたと思われる産業部門は、食料品、繊維·衣服、電気機器の3部門、韓国の日本に対する比較劣位部門であるが、アジア経済危機の影響が少なかった産業部門は、窯業、非鉄金属の2部門が挙げられる。

以上より、物的労働生産性比較の視点から考察した韓国のアジア経済危機からの回復・再生に大きな貢献を果たしたものは、紙·パルプ、石油·化学、鉄鋼の各産業であると結論付けられる。

第7章　リカードウ・モデルの実証研究
－B. バラッサ方式による検証－

本章では、第1章第3節「リカードウ・モデルの実証水準における検証」で述べたB. バラッサの研究手法を再度紹介し、そのB. バラッサ方式に基づいて、日・韓労働生産性の国際比較数値と輸出実績との間にどのような相関が認められるか、または認められないかというテーマを激動の時期にあった韓国に適用し、検証しようとしたものである。

本来であれば、算定年度である1997年から1999年の3年度分の検証を行うものであるが、本論文では、輸出実績、すなわち相対輸出金額のデータについて、1999年のデータのみの入手にとどまったため不本意ではあるが、単年度（1999年）のみの研究とする。[1)]

第1節　B. バラッサの業績

リカードウ・モデルの実証水準における検証は、D. マクドゥガルやB. バラッサなどによって取り組まれ、一定の成果があげられている。本章ではB. バラッサ方式にしたがって検定していくため、B. バラッサの業績を紹介することから始める。

B. バラッサの研究は、D. ページおよびG. ボンバッハの労働生産性算定資料に基づいている。ここでいうD. ページおよびG. ボンバッハの業績

1）　1997年、1998年については、輸出実績、すなわち相対輸出金額のデータが入手され次第、検証していくものとし、筆者の今後における研究課題のひとつとしていく。

とは、*A Comparison of National Output and Productivity of the United States*[2] をいう。B. バラッサは、同上書を紹介して次のように述べている。「アメリカとイギリスの生産性比較は、D. ページおよびG. ボンバッハによってなされたのであるが、この研究は、両国の産業生産の約2分の1を包括する44産業部門についてなされたものである。生産性は労働者1人当たり純産出として測定されている。イギリスを100とする生産性指数は、アメリカとイギリスの価格でそれぞれ計算されており、これらの数値の幾何平均が採用されている[3]。」と。［表7-1］はその結果が示されている。

表7-1　The relationship of output per worker, unit labor costs, and net costs,for selected manufacturing industries in the united kingdom and the united states in 1950

	U.K. Share of total value added in manufactures	U.S. Share of total value added in manufactures	Wage ratio $ per £	Output per worker' U.K.=100	Unit labor costs per _,	Unit labor costs per _,
1. Shipbuilding and repairing	27.1	4.4	8.99	111	8.1	8.02
2. Cement	3.5	4.1	7.56	116	6.52	5.72
3. Sugar factories and refineries	3.4	2.3	7.81	148	5.28	4.65
4. Tanneries	7.6	4	9.04	168	5.38	3.7
5. Outerwear and underwear	33.5	38.2	10.16	170	5.98	5.35
6. Footwear, except rubber	12.1	10.7	8.05	171	4.71	4.4
7 Grain mill products	8.3	6.3	8.78	183	4.8	6.25
8 Woolen and worsted	32	8.1	10.17	185	5.5	3.35
9 Knitting mills	13.9	11.6	9.14	187	4.89	3.59

2)　Deborah Paige and Gottfried Bombach, *A Comparison of National Output and Productivity of the United Kingdom and the United States*, O.E.E.C. Paris, 1959.

3)　Bela Balassa, *ibid*., p.232.

10	Tool and implements	4.6	3.2	10.41	190	5.48	5.7
11	Cutlery	2.4	1.4	9.47	193	4.91	4.17
12	Structural clay products	9.9	4.6	8.04	197	4.08	4.96
13	Iron and Steel foundries	25.3	19.8	9.28	202	4.59	3.98
14	Ball and roller bearings	3.7	3.1	9.89	208	4.75	4.46
15	Metal－working machinery	13.4	14.3	11.08	221	5.01	4.59
16	Rayon, nylon, and silk	14.2	11.9	9.58	226	4.24	3.54
17	Canning and preserving of fruits and vegetables	6.1	10.8	8.94	235	3.8	4.08
18	Generators, motors, and transformers	12.1	12.5	9.98	239	4.18	4.66
19	Tyres and tubes	4.4	7.7	10.14	241	4.21	4.38
20	Wirework	3.7	7.4	10.42	244	4.27	4.09
21	Soap, candles ,and glycerin	5.2	7.1	11.01	249	4.42	5.81
22	Cotton, spinning and wearing	34.6	19.5	9.28	249	3.73	2.8
23	Rubber products, except tyres and foot－wear	7.3	9.1	10.13	250	4.05	3.93
24	Cigarette manufactures	13.5	9.2	7.16	251	2.85	2.65
25	Linoleum and leather cloth	2.2	1.9	9.09	256	3.55	3.77
26	Bolts, nuts, rivets, screws	5.8	6.9	12.23	256	4.78	5.23
27	Steel, works and rolling mills	41.6	39.3	8.79	269	3.27	3.38
28	Glass containers	3	3.1	9.04	274	3.3	4.16
29	Breweries and manufacturing of malt	18.9	10.9	11.18	300	3.73	3.77

30	Pulp, paper and board	12.8	21.2	10.21	338	3.02	2.97
31	Wire drawing	3.9	3	9.58	339	2.83	3.11
32	Electronic tubes	0.7	3.5	10.94	355	3.08	4.85
33	Electric light bulbs	1.2	2.2	10.98	356	3.08	3.87
34	Paint and varnish	7.5	7.1	9.8	363	2.7	2.55
35	Basic industrial chemicals	32.7	30.7	9.47	372	2.55	3.22
36	Matches	0.6	0.4	10.56	376	2.81	2.46
37	Radio	10.4	12.8	9.48	400	2.37	2.91
38	Blast furnaces	4.5	5	8.28	408	2.03	3.7
39	Storage batteries	1.7	1.4	9.13	411	2.22	2.1
40	Electrical household equipment	4.2	6.1	11.06	412	2.68	2.29
401	Containers, paper and card	8.9	11.5	11.46	428	2.68	2.29
42	Agricultural machinery, except tractors	3.8	5.5	9.58	429	2.23	2.24
43	Automobiles, trucks and tractors	43.6	76.1	9.42	466	2.02	2.47
44	Metal cans	2.2	3.9	13.36	561	2.38	3.1
	Selected manufacturing industries	510	483.9	9.53	267	3.57	3.58
45	Other industries	490	516.1	－	－	－	－
	Total manufacturing	1000	1000	9.55	268	3.56	3.65

1. Geometric mean of U.K. weighted and U.S. weighted data.

（出所：D. Paige and G. Bombach, "A Comparison of National Output and Productivity of the United Kingdom and the United States, "O.E.E.C., Paris, 1959 .）

B. バラッサは、D. ページおよびG. ボンバッハのこの算定結果に貿易統計数値を接続して、比較労働生産性数値と相対輸出金額との間にどのような関係が認められるかを検証しようと試みたのである。以下、その手順と結果について述べることにする。

まず、B. バラッサは、D. ページおよびG. ボンバッハによる労働生産性算定対象44産業中、貿易統計数値をとりうる28産業をとりあげる。そうした上で、両国の産業の相対的労働生産性数値と輸出実績とを比較しようとするわけであるが、その場合、後者の数値を採るにさいしては、理論的には、輸出金額よりもむしろ輸出数量を採用すべきところではある。この点に関して、D. マクドゥガルの研究業績を参照すると、彼もまた、輸出金額より輸出数量を採用するよう意図していたが、商品グループの異質性の故に、輸出数量をとりえない品目に直面し、ある場合には金額を、ある場合にはウェイトを採用するなどの苦心をしていることが伺われる。しかし、いずれの場合も、誤差を避けることは難しいものと思われる。そういう訳で、B. バラッサは、次のように結論したのである。「われわれのサンプルに含まれる殆どの産業における量的比較の信頼できない性格のゆえに、本研究では、輸出金額を採用することにした。言い換えれば、第三市場における輸出シェアに関する生産性の相異性の影響を研究することをもくろむものである。[4]

こうした手順に従って、B. バラッサは、［表7-2］を作成したのである。なお、比較生産性数値に対応する輸出金額の年次はタイム・ラグを考慮して、1年ずらして、1951年の数値を採用している。[5]

次に、B. バラッサは、この［表7-2］に基づいて、イギリスとアメリカの生産性比率（productivity ratio）と輸出比率（export ratio）との2変数（two

4)　Bela Balassa, ibid., p.233.

5)　柳田義章著『労働生産性の国際比較と商品貿易および海外直接投資』文眞堂　1994年　236～242ページ

表7-2　**American and British Productivity**

	Export Values (1)	Output per Worker (2)
1. Woolen and worsted	2.7	185
2. Shipbuilding and repairing	20.9	111
3. Cement	31.4	116
4. Structural clay products	40.9	197
5. Tanneries	48.9	168
6. Footwear, except rubber	66.5	171
7. Cotton, spinning and wearing	68.4	249
8. Tool and implements	77.3	190
9. Tyres and tubes	84.9	241
10. Knitting mills	86.3	187
11. Rayon, nylon, and silk	87.8	226
12. Iron and Steel foundries	92.6	202
13. Bolts, nuts, rivets, screws	94.7	256
14. Wirework	103.4	244
15. Outerwear and underwear	110.9	170
16. Soap, candles ,and glycerin	114.8	249
17. Generators, motors, and transformers	117.6	239
18. Rubber products, except tyres and foot-wear	136.3	250
19. Blast furnaces	186.9	408
20. Radio	191.4	400
21. Steel, works and rolling mills	196.6	269
22. Automobiles, trucks and tractors	205.7	466
23. Basic industrial chemical	213.2	372
24. Pulp, paper and board	233.9	338
25. Metal-working machinery	277.5	221
26. Containers, paper and card	290.4	428

27. Agricultural machinery, except tractors	291.8	429
28. Paint and varnish	320.1	363

（U.K.＝100）

（Note

Column 1:

Great Britain, Customs and Excise Department ,*Annual Statement of the Trade of the United Kingdom* ,1954, ***Compared with the I'zars*** 1951-1953, (London: Her Majesty's Stationary Office, 1956)

United Nations Statistical Office, ***Commodity Trade Statistics***, January - December 1951(New York , 1952)

United Nations , Statistical Office, ***Yearbook International Trade Statistics*** , 1952 (New York ,1953)

United States , Bureau of Census , Report No. FT410, ***United States Export of Domestic and Foreign Merchandise*** , Calendar Year 1951, Parts Ⅰ and Ⅱ (Washington, 1952)

Column 2:

Paige Deborah, and Gottfried Bombach , ***A Comparison of National Output and Productivity of the United Kingdom and the United States*** (Paris, OEEC, 1959)

variables）の回帰式を求めたところ、以下のようになった。

$$\frac{E_{\mathrm{I}}}{E_{\mathrm{II}}} = -53.32 + .721\frac{P_{\mathrm{I}}}{P_{\mathrm{II}}} \qquad \cdots\cdots\cdots\cdots(1)$$

(.103)

次に2変数（two variables）の相関関係（correlation coefficient）を求めたところ、0.8で、さらに2変数（two variables）の順位相関係数（spearman rank correlation coefficient）は、0.81であった。B. バラッサは、この諸結果の信頼性を、Fisherのz変数（Fisher's transformation）を用いて、検定したところ、5%水準で有意であった。

この回帰式を示すと、「図7-1　U.S./U.K. EXPORT AND PRODUCTIVITY RATIO 1950 AND 1951(NORMAL SCALE)」のようになる。

図7-1　**U.S./U.K. EXPORT AND PRODUCTIVITY RATIO 1950 AND 1951（NORMAL SCALE）**

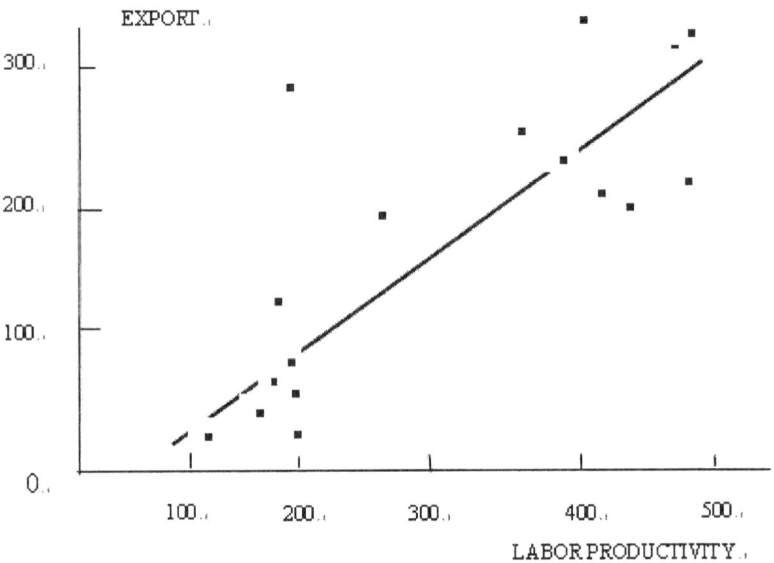

出典：［表7-2］に同じ

B. バラッサは、この図の分散を見て、観測値が増加するにつれて回帰式からの偏差値が増加することから、対数で表したほうが適切であろうことを示唆している、とする。もしそうならば、生産性比率（productivity ratio）の1%の増加が輸出比率（export ratio）の何%の変化と関わるかとで見たほうが良いとする。

そうすると、回帰式は以下のように示される。

$$\log\frac{E_{\mathrm{I}}}{E_{\mathrm{II}}} = -1.761 + \frac{P_{\mathrm{I}}}{P_{\mathrm{II}}}1.594\log \qquad \cdots\cdots\cdots\cdots(2)$$

(.181)

B. バラッサは、この回帰式から、生産性比率（productivity ratio）の1%変化は、2国間の輸出額比率（ratio of export values）のほぼ1.6%を導く、と述べる。

そして、2変数（two variables）の相関係数（correlation coefficient）は、0.86で、5%の信頼性の水準で、0.73－0.94の信頼性の範囲内にある、とする。さらに決定係数（the coefficient of determination）は0.74で、すなわち、これは輸出比率（export ratio）の変数の74%が相対的生産性較差（relative productivity differences）によって説明され得る、と述べる。

このB. バラッサの一連の検証は、リカードウ・モデルの実証研究の分野では、D. マクドゥガルと並んで画期的であったといえよう。[6]

筆者は、このB. バラッサの業績に学び、導かれ、問題意識を共有しつつ、以降で、日本と韓国について1999年を分析対象年度として、バラッサ方式を適用して、検証を試みる。

第2節　日・韓比較生産性と相対輸出

バラッサ方式を適用して、日本と韓国間の1999年度の各品目の比較生産性（相対的労働生産性）とそれに対応する相対輸出額のデータを得るには、次のような手順をとる。

①既に算定されている「日・韓労働生産性の国際比較」で提示されている1999年度・各品目の比較生産性の数値をデータとする。[7]

②①に提示されている品目を“*World Trade Annual*”[8] に求める。その際、その品目の定義が同じであることが条件である。このためには、

6）柳田義章著『労働生産性の国際比較研究』文眞堂　2002年　140～141ページ

7）1999年の日韓労働生産性の国際比較数値は、第3章の「日・韓国際個別生産性指数」で提示している。

労働生産性算定対象品目である日本・韓国の各品目のコード（code）と“*World Trade Annual*”の品目コード(code)との照合を必要とする。

③ “*World Trade Annual*”で品目を確定した後、日韓それぞれの各品目の輸出金額をとり、日本を基準とした韓国の輸出のシェアを算定する。[9)]

以上が、データ作成の手順の基本であるが、[10)] 実際の作業は、困難をきわめた。それは、主として②のコード照合の作業に関わる事項である。日本の『工業統計表』[11)] による品目は、『日本標準産業分類』に基づく工業統計調査用商品分類に拠り、韓国の資料である、Mining and Manufacturing Survey[12)]の［全国篇］(whole Country)、［地域篇］(regional)についても独自のコードを有し、さらに“*World Trade Annual*”は、『国際標準貿易分類』“Standard International Trade Classification（SITC)”に拠るものであり、3者の分類基準と方法がそれぞれ異なっている。

このうち日・韓の原資料については、労働生産性の国際比較の作業の際に照合済みであるが、SITCとのコード照合をする作業が残っている。その際にこれらの「コード照合対照表」が存在することが望ましいが、現実には存在しないため、作業を継続するために、日韓の原資料に記載されて

---

8) *World Trade Annual*, prepared by the Statistical Office of the United Nations, 1999年版。データを取る際に、B. バラッサに倣って、1年のタイム・ラグを採る方法もあったが、ここでは、柳田教授の方法を踏襲し、年次を揃えている。結果に、大きな相違はないものと思われる。

9) 日韓両国について、世界市場向けの輸出がゼロの場合は、日韓相対輸出額がそれぞれで＋∞となるが、そうした品目については、採用を見合わせた。

10) 日韓相対輸出額の数値を、もし、*World Trade Annual*で採れなければ、別の貿易統計資料から採る事もできるだろうが、異なる資料を採用することは、それだけ誤差の入り込む余地が大きいと判断し、データ数の限定を承知の上で、あえて採用を見合わせた。

11) 経済産業省経済産業政策局調査統計部編『工業統計表』(品目編・産業編) 1999年版。

12) Mining and Manufacturing Survey（［全国篇］(whole Country)、［地域篇］(regional)）1999年版。

いる品目を *"World Trade Annual"* のデータ表にひとつひとつ探し求めていく作業を必要とした。結果として、膨大な品目データ照合であったので、日韓の原資料の品目の定義と同質の品目全てを、*"World Trade Annual"* に見出すことはできなかった。よって、現実には最大限照合が可能であった品目のみが、相対輸出額として取り上げられている。

第3節　1999年の日・韓比較生産性と相対輸出

前節のような作業から得られた1999年の日・韓比較生産性と相対輸出額のデータは、以下の「表7-3　日・韓の相対輸出額と比較生産性」のとおりである。

表7-3　日・韓の相対輸出額と比較生産性

	品目名	SITC	Product Title	相対輸出額	比較生産性
1	小麦粉	46.01	Flour of wheat or meslin	68	72
2	澱粉	592	starch,inulin,gluten,etc	507	312
3	バター	23	Butter	98972	57
4	チーズ	24	Cheese and curd	40549	88
5	練乳・粉乳	22	Milk and cream	5860	23
6	マーガリン	91.41	margarine	462	109
7	ビール	112.3	Beer,ale,stout,porter	28	45
8	綿紡糸	651.3	Cotton yarn	6	122
9	毛紡糸	651.2	Wool,hair yarn,incl tops	62	84
10	毛織物	654.2	Woven wool,hair nonpil	69	32
11	絨毯	659	floor coverings,etc	1127	66
12	洋紙	641.2	printing,writing paper nes	15	80
13	板紙	641.3	kraft paper,paperbord	62	180
14	プラスチック	58	plastic materials etc	539	84

15	印刷インキ	533	pigments,paints,etc	224	86
16	ゼラチン・接着剤	531	synth organic color matter	251	209
17	家庭用石鹸	554	soaps,cleansing etc preps	286	76
18	合成ゴム	233	rubber,synthtic,reclaimd	153	25
19	染料	532	dyes nes,tanning prod	2581	108
20	自動車ガソリン	334	petroleum products,refin	413	58
21	灯油	334.2	kerosene,oth medium oils	61	584
22	乗用車用ﾀｲﾔ	625	rubber tires,tubes etc	14	167
23	セメント	661	lime,cement,bldg,prods	263	121
24	石灰	662	clay,refractory bldg prd	319	134
25	鉛地金	685.1	lead,alloys unwrought	2714	50
26	亜鉛地金	686.1	zinc,alloys unwrought	1	60
27	アルミ圧延・押しだし	684.2	alumnm plates,sheet,strip	119	136
28	銅・合金・鋳物	682.1	master alloy of copper	1	37
29	リベット	694	iron,steel nuts,bolts,etc	23	94
30	釘	694	iron,steel nails etc	1	85
31	テレビ受信機	761	television receiver	27	66
32	ラジオ受信機	762	radio broadcast receiver	13	73
33	洗濯機	775.1	domestic washing machines	9	90
34	扇風機・換気扇	775.7	dom elec room fans etc	2	8
35	電話機	764.1	line telephone,etc equip	13	127
36	自動車	78	road vehicles	22	117

1. 回帰分析

「表7-3　日・韓の相対輸出額と比較生産性」に提示されたデータに基づいて、比較生産性を独立変数、相対輸出額を従属変数としてJMPにより回帰分析を行う。

［日・韓の相対輸出額と比較生産性：出力結果］

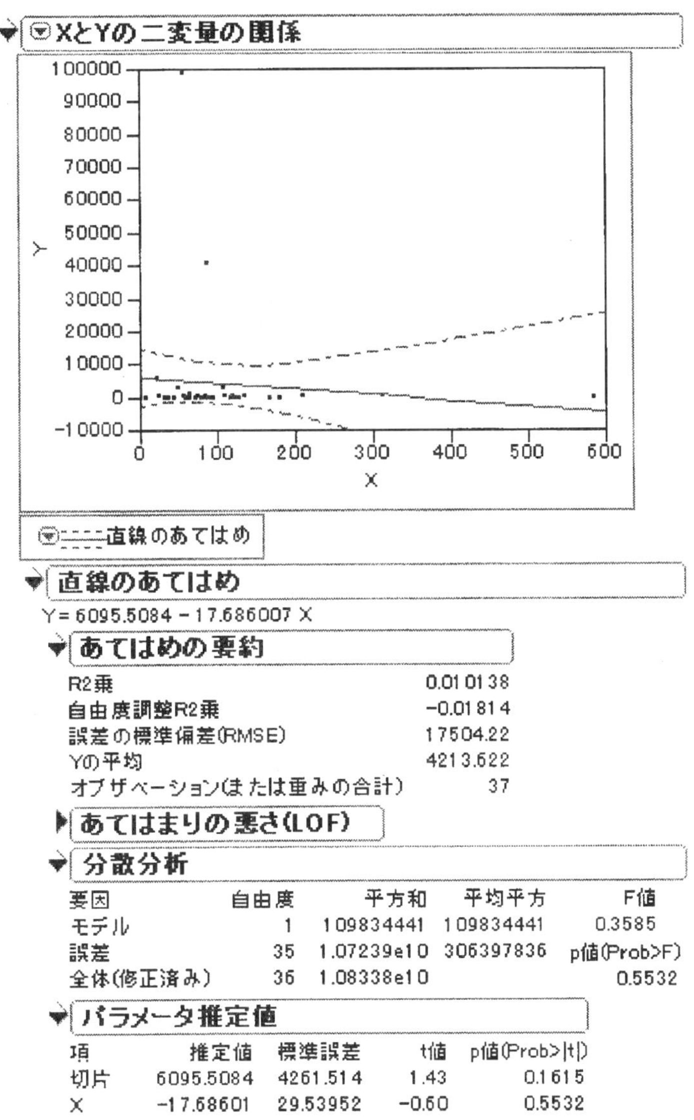

直線のあてはめ

Y＝6095.5084 − 17.686007 X

あてはめの要約

R2乗	0.010138
自由度調整R2乗	−0.01814
誤差の標準偏差(RMSE)	17504.22
Yの平均	4213.622
オブザベーション(または重みの合計)	37

あてはまりの悪さ(LOF)

分散分析

要因	自由度	平方和	平均平方	F値
モデル	1	109834441	109834441	0.3585
誤差	35	1.07239e10	306397836	p値(Prob>F)
全体(修正済み)	36	1.08338e10		0.5532

パラメータ推定値

項	推定値	標準誤差	t値	p値(Prob>|t|)
切片	6095.5084	4261.514	1.43	0.1615
X	−17.68601	29.53952	−0.60	0.5532

以上の出力結果から、主要な情報を取り上げると以下のようになる。

Y＝6095.5－17.7X
　　　（－0.60）
R^2　0.0101
Adj R^2　－0.018
F値　0.3585

この結果から、1999年の日・韓比較生産性（相対的労働生産性）と相対輸出金額は、表7-4に基づく回帰分析によれば、比較生産性を独立変数、相対輸出金額を従属変数とする回帰式において、非有意である。つまり、比較生産性が原因で、相対輸出金額を結果として生じさせるという関係が主張できず、B. バラッサの検定とは異なるものであった。

2. 回帰分析（はずれ値の除外）

ここでは、「表7-3　日・韓の相対輸出額と比較生産性」に提示されたデータからはずれ値（異常値）を除外したデータに基づいて[13)]、比較生産性を独立変数、相対輸出額を従属変数としてJMPにより回帰分析を行う。

次頁にはずれ値を検出するための箱ひげ図を提示する。

以上の結果から、はずれ値として、2:澱粉、3:バター、4:チーズ、5:練乳・粉乳、11:絨毯、19:染料、21:灯油、25:鉛地金を除外する。

以下は、はずれ値を除外したデータの回帰分析の出力結果である。

以上の出力結果から、主要な情報を取り上げると以下のようになる。

Y＝77.5－0.485X
　　　（0.76）
R^2　0.0208
Adj R^2　－0.154

13）回帰分析のような多変量解析の手法は、はずれ値（異常値）の影響を受けやすく、また2つの変数間の関係には直線関係を想定していることが多いので、予備的な解析によってはずれ値の有無を検討し、除外することは重要である。

F値　　0.5751

この結果から、1999年の日・韓比較生産性（相対的労働生産性）と相対輸出金額は、表7-3のデータからはずれ値を除外したデータに基づく回帰

[箱ひげ図によるはずれ値の検出：出力結果]

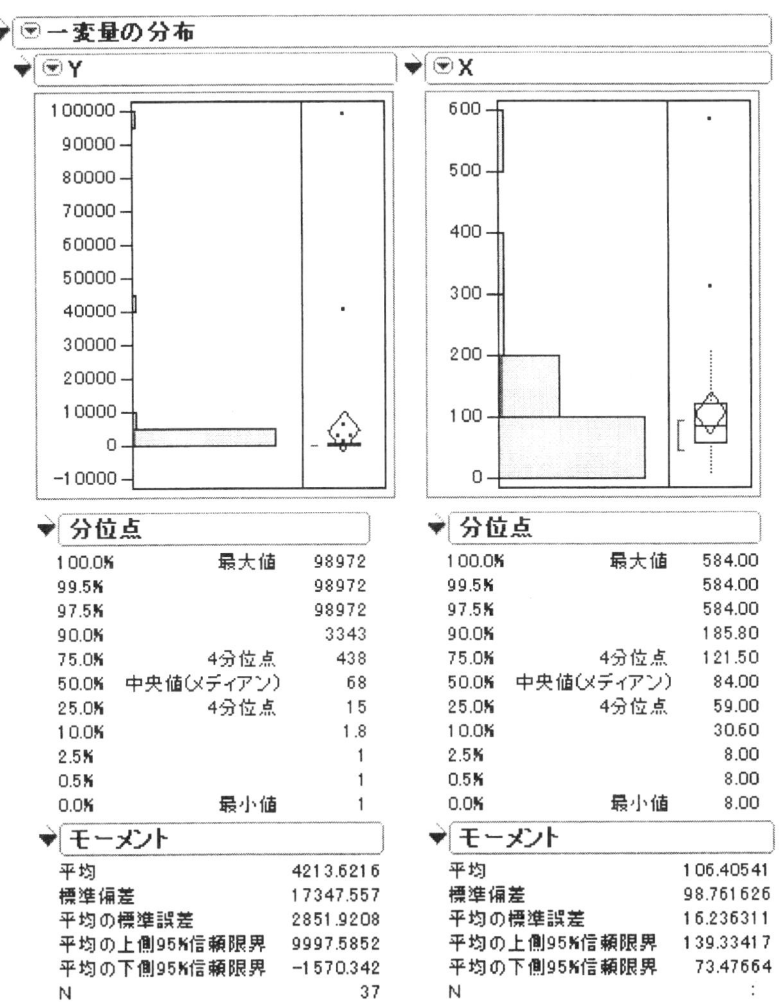

分位点（Y）

100.0%	最大値	98972
99.5%		98972
97.5%		98972
90.0%		3343
75.0%	4分位点	438
50.0%	中央値(メディアン)	68
25.0%	4分位点	15
10.0%		1.8
2.5%		1
0.5%		1
0.0%	最小値	1

モーメント（Y）

平均	4213.6216
標準偏差	17347.557
平均の標準誤差	2851.9208
平均の上側95%信頼限界	9997.5852
平均の下側95%信頼限界	-1570.342
N	37

分位点（X）

100.0%	最大値	584.00
99.5%		584.00
97.5%		584.00
90.0%		185.80
75.0%	4分位点	121.50
50.0%	中央値(メディアン)	84.00
25.0%	4分位点	59.00
10.0%		30.60
2.5%		8.00
0.5%		8.00
0.0%	最小値	8.00

モーメント（X）

平均	106.40541
標準偏差	98.761626
平均の標準誤差	16.236311
平均の上側95%信頼限界	139.33417
平均の下側95%信頼限界	73.47664
N	:

[日・韓の相対輸出額と比較生産性（はずれ値除外済）：出力結果]

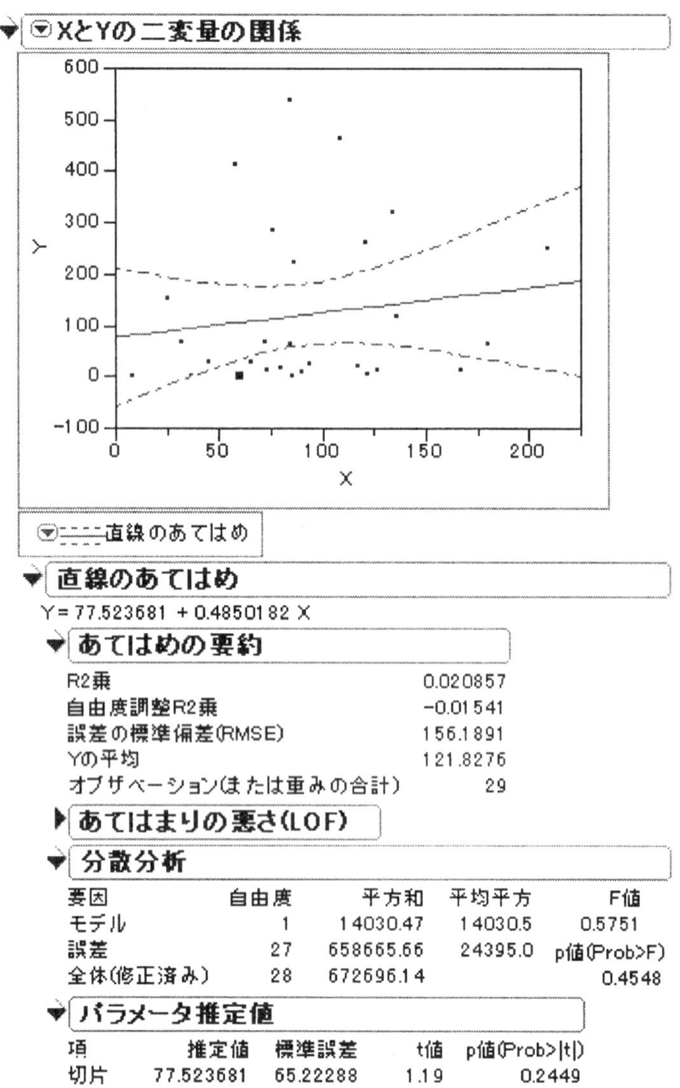

直線のあてはめ

Y = 77.523681 + 0.4850182 X

あてはめの要約

R2乗	0.020857
自由度調整R2乗	-0.01541
誤差の標準偏差(RMSE)	156.1891
Yの平均	121.8276
オブザベーション(または重みの合計)	29

あてはまりの悪さ(LOF)

分散分析

要因	自由度	平方和	平均平方	F値
モデル	1	14030.47	14030.5	0.5751
誤差	27	658665.66	24395.0	p値(Prob>F)
全体(修正済み)	28	672696.14		0.4548

パラメータ推定値

項	推定値	標準誤差	t値	p値(Prob>|t|)
切片	77.523681	65.22288	1.19	0.2449
X	0.4850182	0.639547	0.76	0.4548

分析によれば、比較生産性を独立変数、相対輸出金額を従属変数とする回帰式において、非有意である。つまり、ここでも、比較生産性が原因で、相対輸出金額を結果として生じさせるという関係が主張できず、B. バラッサの検定とは異なるものであった。

3. 回帰分析（対数変換）

ここでは、「表7-3　日・韓の相対輸出額と比較生産性」に提示されたデータを自然対数に変換し、[14] 回帰分析を行う。
以下は、対数変換後のデータである。

表7-4　日・韓の相対輸出額と比較生産性（対数変換）

	品目名	SITC	Product Title	相対輸出額	比較生産性
1	小麦粉	46.01	Flour of wheat or meslin	4.21	4.28
2	澱粉	592	starch,inulin,gluten,etc	6.23	5.74
3	バター	23	Butter	11.5	4.04
4	チーズ	24	Cheese and curd	10.61	4.48
5	練乳・粉乳	22	Milk and cream	8.68	3.16
6	マーガリン	91.41	margarine	6.14	4.69
7	ビール	112.3	Beer,ale,stout,porter	3.32	3.81
8	綿紡糸	651.3	Cotton yarn	1.79	4.8
9	毛紡糸	651.2	Wool,hair yarn,incl tops	4.13	4.43
10	毛織物	654.2	Woven wool,hair nonpil	4.23	3.47
11	絨毯	659	floor coverings,etc	7.03	4.19
12	洋紙	641.2	printing,writing paper nes	2.71	4.38
13	板紙	641.3	kraft paper,paperbord	4.13	5.2
14	プラスチック	58	plastic materials etc	6.29	4.43
15	印刷インキ	533	pigments,paints,etc	5.41	4.45

14）対数正規分布に従う変数の対数をとることによって、正規分布に従う変数を作る。よってもとのデータから比較するとデータの質を高められる。

16	ゼラチン・接着剤	531	synth organic color matter	5.53	5.34
17	家庭用石鹸	554	soaps,cleansing etc preps	5.66	4.33
18	合成ゴム	233	rubber,synthtic,reclaimd	5.03	3.22
19	染料	532	dyes nes,tanning prod	7.86	4.68
20	自動車ガソリン	334	petroleum products,refin	6.02	4.06
21	灯油	334.2	kerosene,oth medium oils	4.11	6.37
22	乗用車用タイヤ	625	rubber tires,tubes etc	2.64	5.12
23	セメント	661	lime,cement,bldg,prods	5.57	4.8
24	石灰	662	clay,refractory bldg prd	5.77	4.9
25	鉛地金	685.1	lead,alloys unwrought	7.91	3.91
26	亜鉛地金	686.1	zinc,alloys unwrought	0	4.09
27	アルミ圧延・押しだし	684.2	alumnm plates,sheet,strip	4.78	4.91
28	銅・合金・鋳物	682.1	master alloy of copper	0	3.61
29	リベット	694	iron,steel nuts,bolts,etc	3.14	4.54
30	釘	694	iron,steel nails etc	0	4.44
31	テレビ受信機	761	television receiver	3.3	4.19
32	ラジオ受信機	762	radio broadcast receiver	2.56	4.29
33	洗濯機	775.1	domestic washing machines	2.2	4.5
34	扇風機・換気扇	775.7	dom elec room fans etc	0.69	2.08
35	電話機	764.1	line telephone,etc equip	2.56	4.84
36	自動車	78	road vehicles	3.09	4.76

「表7-4　日・韓の相対輸出額と比較生産性（対数変換）」に基づいて、比較生産性を独立変数、相対輸出額を従属変数としてJMPにより回帰分析を行う。

［日・韓の相対輸出額と比較生産性（対数変換）：出力結果］

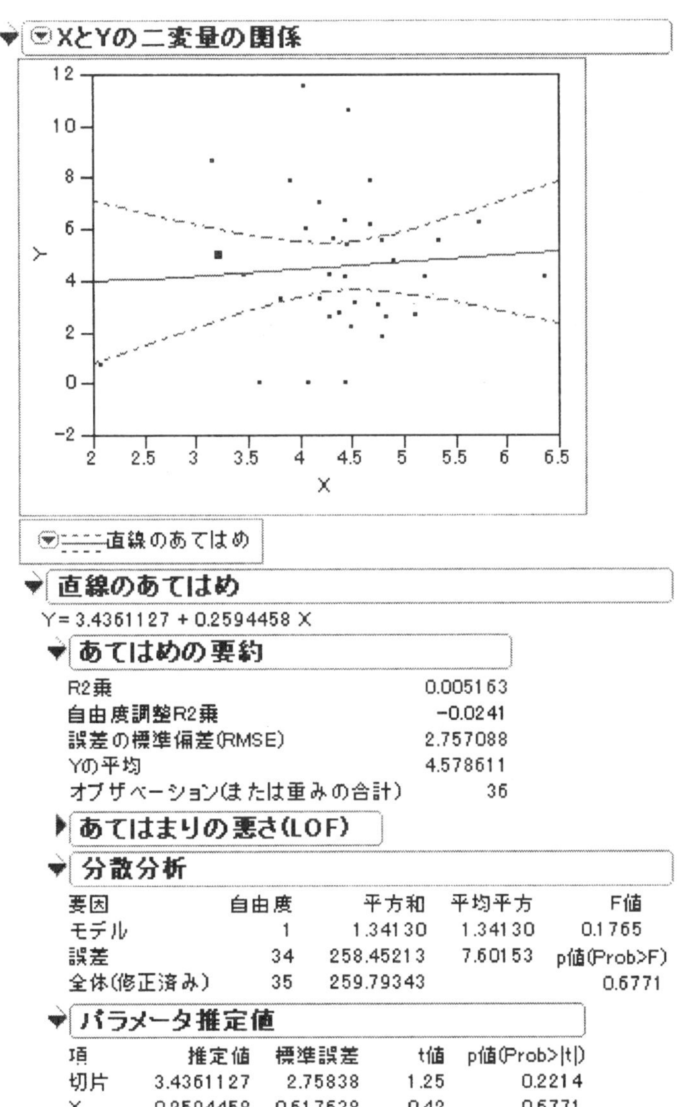

直線のあてはめ

Y= 3.4361127 + 0.2594458 X

あてはめの要約

R2乗	0.005163
自由度調整R2乗	−0.0241
誤差の標準偏差(RMSE)	2.757088
Yの平均	4.578611
オブザベーション(または重みの合計)	36

あてはまりの悪さ(LOF)

分散分析

要因	自由度	平方和	平均平方	F値
モデル	1	1.34130	1.34130	0.1765
誤差	34	258.45213	7.60153	p値(Prob>F)
全体(修正済み)	35	259.79343		0.6771

パラメータ推定値

項	推定値	標準誤差	t値	p値(Prob>|t|)
切片	3.4361127	2.75838	1.25	0.2214
X	0.2594458	0.617638	0.42	0.6771

以上の出力結果から、主要な情報を取り上げると以下のようになる。

Y＝3.43－0.259X

(0.42)

R^2　0.0051

Adj R^2　－0.024

F値　0.1765

この結果から、1999年の日・韓比較生産性（相対的労働生産性）と相対輸出金額は、表7-4に基づく回帰分析によれば、比較生産性を独立変数、相対輸出金額を従属変数とする回帰式において、非有意である。つまり、ここでも、比較生産性が原因で、相対輸出金額を結果として生じさせるという関係が主張できず、B. バラッサの検定とは異なるものであった。

4. 回帰分析（対数変換、はずれ値の除外）

ここでは、「表7-4　日・韓の相対輸出額と比較生産性（対数変換）」からさらにはずれ値を除外したデータに基づいて、比較生産性を独立変数、相対輸出額を従属変数としてJMPにより回帰分析を行う。

以下にはずれ値を検出するための箱ひげ図を提示する。

以上の結果から、はずれ値として、3:バター、21:灯油、34:扇風機・換気扇を除外する。

次頁は、はずれ値を除外したデータの回帰分析の出力結果である。

以上の出力結果から、主要な情報を取り上げると以下のようになる。

Y＝4.66－0.035X

(－0.05)

R^2　－0.000067

Adj R^2　－0.032

F値　0.0021

この結果から、1999年の日・韓比較生産性（相対的労働生産性）と相対輸出金額は、表7-4からはずれ値を除外したデータに基づく回帰分析によ

[箱ひげ図によるはずれ値の検出（対数変換後のデータ）：出力結果]

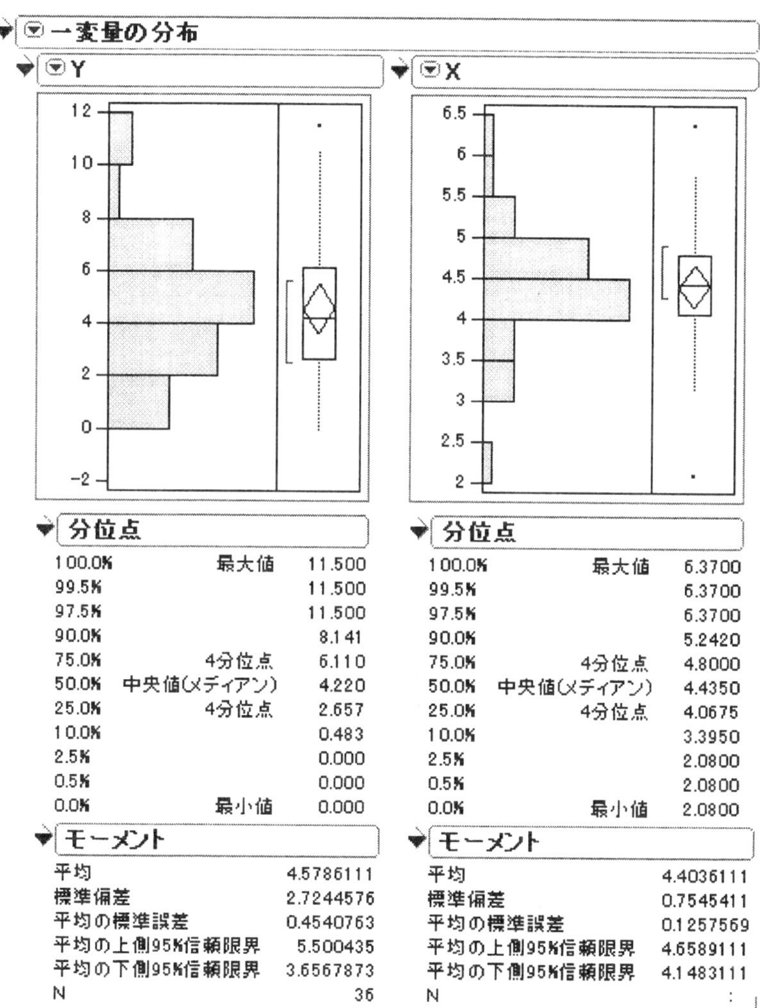

Y　分位点

100.0%	最大値	11.500
99.5%		11.500
97.5%		11.500
90.0%		8.141
75.0%	4分位点	6.110
50.0%	中央値(メディアン)	4.220
25.0%	4分位点	2.657
10.0%		0.483
2.5%		0.000
0.5%		0.000
0.0%	最小値	0.000

Y　モーメント

平均	4.5786111
標準偏差	2.7244576
平均の標準誤差	0.4540763
平均の上側95%信頼限界	5.500435
平均の下側95%信頼限界	3.6567873
N	36

X　分位点

100.0%	最大値	6.3700
99.5%		6.3700
97.5%		6.3700
90.0%		5.2420
75.0%	4分位点	4.8000
50.0%	中央値(メディアン)	4.4350
25.0%	4分位点	4.0675
10.0%		3.3950
2.5%		2.0800
0.5%		2.0800
0.0%	最小値	2.0800

X　モーメント

平均	4.4036111
標準偏差	0.7545411
平均の標準誤差	0.1257569
平均の上側95%信頼限界	4.6589111
平均の下側95%信頼限界	4.1483111
N	[illegible]

［日・韓の相対輸出額と比較生産性（対数変換、はずれ値の除外）：出力結果］

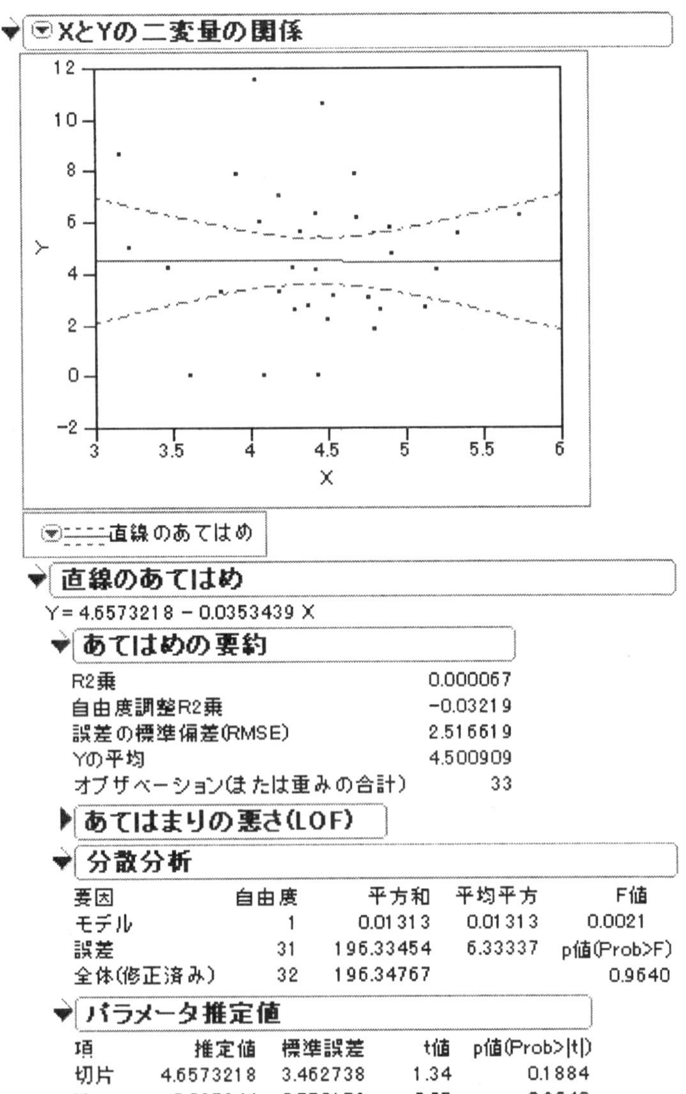

直線のあてはめ

Y＝4.6573218 − 0.0353439 X

あてはめの要約

R2乗	0.000067
自由度調整R2乗	−0.03219
誤差の標準偏差(RMSE)	2.516619
Yの平均	4.500909
オブザベーション(または重みの合計)	33

あてはまりの悪さ(LOF)

分散分析

要因	自由度	平方和	平均平方	F値
モデル	1	0.01313	0.01313	0.0021
誤差	31	196.33454	6.33337	p値(Prob>F)
全体(修正済み)	32	196.34767		0.9640

パラメータ推定値

項	推定値	標準誤差	t値	p値(Prob>|t|)
切片	4.6573218	3.462738	1.34	0.1884
X	−0.035344	0.776172	−0.05	0.9640

れば、比較生産性を独立変数、相対輸出金額を従属変数とする回帰式において、非有意である。つまり、ここでも、比較生産性が原因で、相対輸出金額を結果として生じさせるという関係が主張できず、B. バラッサの検定とは異なるものであった。

本章の総括

以上のように、様々な手法を用いて回帰分析を行ったが、比較生産性を独立変数、相対輸出金額を従属変数とする回帰式の全ての結果において、非有意であった。つまり、比較生産性が原因で、相対輸出金額を結果として生じさせるという関係が主張できず、B. バラッサの検定とは異なるものであった。

なぜ、このような結果になったのかについて考察してみたとき、最も妥当であろう結論として、ひとつに時期的状況が挙げられるだろう。その根拠として、ここでの分析年度である1999年が、韓国経済がアジア経済危機に見舞われ、マイナス成長であった1998年の直後であり、急激な回復を見せた年度であったということである。つまり、経済の急速な回復が貿易面に波及するにはあまりにも時間的に短かったという要因が挙げられるだろう。また、IMFによる強力な監視体制のもとでの経済運営が、通常の経済活動と異なったものであった可能性が否めない点も要因のひとつであると思われる。したがって、以上のような理由からB. バラッサの検定と異なる結果を得るに至ったことは当然の結果であったと思われる。

第8章　日韓FTAと物的工業労働生産性の国際比較の視点から見た若干の提言

本章では、FTAの簡単な紹介と、日本と韓国におけるFTAの現状、さらにはこれまで本論文で進めてきた日・韓国際個別生産性指数や日・韓国際総合生産性指数をもとにした統計分析の結果から、日韓のFTAに対する若干の提言をするものである。

第1節　FTAとは

FTA（Free Trade Agreement)、すなわち自由貿易協定とは、「当事国間の経済統合をすすめて、貿易の自由を増大させる協定」である。似たような概念に、WTO（世界貿易機関）がいう統合の内容が存在し、「物品については、協定締結国間のすべての貿易について関税その他制限的通商規則を廃止すること（GATT（関税貿易一般協定）第24条8（b))」、「サービス貿易については、相当の範囲の分野を対象として自由化すること（「サービス貿易に関する一般協定」(GATS）第5条)」というものがある。これは多角的枠組みのもとでの貿易自由化を進めるものであり、従来の日本の貿易政策の中心であったものであるが、近年になって、特定の国との貿易を優遇するFTAを貿易政策の選択肢の一つと捉えるようになったことは、日本の貿易政策の転換であり、内外から注目されている。[1)]

1）浦田秀次郎編著『FTAガイドブック』ジェトロ　2002年　2ページ

また、関税その他の制限的通商規則が、実質上すべての域内原産品の貿易について廃止されている2つ以上の関税地域の集団を「自由貿易地域（Free Trade Area）」という。したがって、自由貿易協定とは、「自由貿易地域を結成するための協定」および「締約国間でサービス貿易を自由化する協定」ともいえる。自由貿易協定には、2国間協定のほか、EFTA（ヨーロッパ自由貿易連合：1960年）、NAFTA（北米自由貿易協定：1994年）などの多国間協定、サービス協定であるEEA（ヨーロッパ経済地域：1992年）などさまざまな形態がある。

90年代に入り、世界の各地域で自由貿易協定（FTA）を中心とした経済統合の動きが急速に広がっている。アジアにおいては93年にスタートしたASEAN自由貿易地域（AFTA）の形成が最終段階を迎え、2002年1月には日本にとって初めての2国間FTA、日本・シンガポール新時代経済連携協定（JSEPA）が締結され、同年11月に発効した。またASEAN・中国間では、2002年11月に包括的経済協力枠組み協定が締結され、2015年までにFTA実現を目指す。日本・ASEAN包括的経済連携構想（CEP）も10年以内のできるだけ早い時期に実現することを目指し、2003年から政府間交渉が開始される。そのほかシンガポール、タイ、オーストラリアなどの国々、2国間FTA締結に積極的な姿勢を示している。

日本、韓国、中国、ASEANのASEANプラス3のFTAを理想型と考える国も多く、将来は東アジア全域にわたる自由貿易地域の実現可能性もあるだろう。[2)]

第2節　日本と韓国のFTAの状況

FTA（自由貿易協定）の空白地域といわれた東アジアでも99年以降、

2)　木村福成・鈴木厚編著　『加速する東アジアFTA　現地リポートに見る経済統合の波』　ジェトロ　2003年　1ページ

表8-1　韓国のFTAをめぐる現状

対象国	経緯および進捗状況	
日本	1998年10月	日韓通商担当閣僚会議での合意に基づきジェトロ・アジア経済研究所（IDE）と韓国・対外経済政策研究院(KIEP)において共同研究始まる。
	2000年5月	IDEとKIEPから研究報告書が発表される。
	2000年9月	日韓FTAビジネスフォーラムの設立で両国が合意。
	2000年10月	経団連と全経連との懇談会を開催。2001年12月にはアジア・太平洋州地域委員会の下に日韓産業協力検討会を設置。
	2002年1月	日韓FTAビジネスフォーラムでFTAの早期締結を求める宣言を発表。
	2002年3月	日韓首脳会談で日韓双方の産官学の代表からなる共同研究会の設置で合意。同年7月に第1回会合が開催される。
	2002年10月	日韓FTA産官学共同研究会第2回会合(東京)が開催される。
チリ	1998年11月	対外経済調整委員会(韓国)においてイニシアチブがとられる。
	1998年12月	韓国政府が市場アクセスなどについて研究するためのグループを設置。
	1999年4月	第1回高官レベルワーキンググループが開催される。
	1999年6月	第2回高官レベルワーキンググループが開催される。
	1999年9月	APEC首脳会談において両国首脳が正式にFTA交渉の開始を宣言。
	2000年1月	第1回韓国・チリFTA交渉が開始される。
	2000年12月	第4回韓国・チリFTA交渉後，農産物問題などから交渉は頓挫。
	2002年8月	第5回韓国・チリFTA交渉が1年8カ月ぶりに再開。
	2002年10月	FTA締結。
NZ	1999年9月	民間研究機関レベルでのフィジビリティー・スタディーが始まる。
	2001年8月	ニュージーランド・ビジネス評議会会議長がFTAの早期締結を促す。
タイ	99年11月	韓国において民間研究機関レベルでのFSが始まる。
	2001年2月	01年秋に開催される二国間貿易委員会で協議を開始するとタイ商業省高官が明かす。
メキシコ	2001年6月	韓墨首脳会談で貿易・投資の拡大に向けた共同声明を発表。FTAについても意見交換。
	2002年7月	韓・墨経済科学技術委員会において1年間の調査後，政府間交渉を行うことを話し合う。韓国政府はKIEPに「韓国・メキシコのFTA経済的妥当性研究調査」を依頼。

（出所）木村福成・鈴木厚編著『加速する東アジアFTA　現地リポートに見る経済統合

<table>
<tr><td colspan="2">関税撤廃による韓国側の便益事項/懸念事項</td></tr>
<tr><td>便益事項</td><td>懸念事項</td></tr>
<tr><td>◎繊維・衣類の輸出拡大（革製衣類，女子用ブラウス・シャツ，セーター，カーディガンなど）。
◎低価格自動車の輸出拡大。
◎部品や素材などの輸入コスト減少，韓国完成品輸出の競争力強化される。
◎加工食料品（キムチなど野菜漬物）の輸出拡大。
◎農水産物の輸出拡大；トマト，スイカ，マグロ，カツオなど。</td><td>◎加工組立型産業（機械，電気・電子，通信，金属など）における輸入が拡大。
◎対日貿易赤字の拡大。
◎一次産業および軽工業の生産性低下。
◎自動車，家電製品など韓国企業と競合する完成品の輸入拡大。</td></tr>
<tr><td colspan="2">〔合意事項〕
〔FTA発効と同時に無関税となる品目〕自動車，テレビ，コンピュータ，携帯電話，機械類など。〔無関税化に目標年限を設ける品目〕自動車部品，石油化学製品(以上発効後5年)。銅地金，養殖マス，サケ（以上同7年）。豚肉，桃，キーウィ（以上同10年）。〔季節関税を用いる品目〕ブドウ(韓国の非生産時期11～4月にのみ関税を引き下げ，最大10年適用)。〔関税割当を設ける品目〕
牛肉，豚肉，みかんなど。〔FTA対象外品目〕コメ，リンゴ，ナシ，洗濯機，冷蔵庫，砂糖，小麦など70品目強。〔WTOでの交渉終了後に協議するもの〕ニンニク，唐辛子，タマネギ，大豆，トウモロコシ，食用油，など農産物300品目。</td></tr>
<tr><td>◎電子・電気製品の輸出拡大。（例）自動車，鉄鋼，テレビ，冷蔵庫，携帯電話等。</td><td>◎農林水産品の輸入拡大。</td></tr>
<tr><td>◎電子産業部品，機械部品，エンジン用ディーゼルオイル，その他化学業製品，鉄鋼製品などの輸出拡大。</td><td>◎労働集約品（玩具類，電灯用ガラス，小型の家具類など）。</td></tr>
<tr><td>◎電気・電子製品，機械部品，自動車部品の輸出拡大。</td><td></td></tr>
</table>

の波』ジェトロ　2003年　162ページ

FTAの動きが急速に活発化してきた。このような状況下で、近年の日本、韓国はそれぞれFTAについてどのような政策を展開しているのか、また、日韓両国間のFTAの進展がどのようなものなのかについて、見ていくことにする。

韓国のFTAに関するポイントとして、以下の3点が挙げられる。

①韓国は98年よりWTOを中心とした多国間貿易交渉を維持しつつも、2国間・地域間自由貿易協定（FTA）を積極的に推進しており、2002年10月にチリと締結したほか、日本、ニュージーランド、メキシコとのFTAについて研究が行われている。

②2001年11月には韓国とASEANのFTAを検討するための研究グループを設置、さらにはASEANと日中韓の13カ国から構成される東アジア自由貿易地域の創設を各国に呼びかけている。

③韓国は北東アジアにおいて最も早くFTA政策を始めたものの、2002年現在日本や中国に遅れをとっている。この背景には対外開放を一層推進したい政府、国内企業との間にFTAに対する温度差が生じていることがある。[3)]

以上をふまえて、韓国のFTAの現状は以下の「表8-1　韓国のFTAをめぐる現状」でまとめられている。

つぎに、日本のFTAに対する政策として、2004年10月にFTA交渉に関する基本方針を発表している。表8-2に日本のFTA交渉方針を示す。

日本は、「表8-2　日本のFTA交渉方針」をもとに、現在、いくつかの国と交渉を行っている。主なものとして、韓国、タイ、フィリピン、マレーシアなどのアジア諸国や、メキシコやチリなどの中南米諸国である。

また、日本が最初にFTAを締結し、すでに発効しているシンガポール

3)　木村福成・鈴木厚編著　『加速する東アジアFTA　現地リポートに見る経済統合の波』ジェトロ　2003年　160ページ

表8-2　日本のFTA交渉方針

1．我が国にとり有益な国際環境の形成
- (1) 東アジアにおけるコミュニティ形成および安定と繁栄に向けた取り組みに資するかどうか。
- (2) 我が国の経済力の強化および政治・外交上の課題への取り組みに資するか否か。
- (3) WTO交渉等の国際交渉において、我が国が当該国・地域との連携・協力を図り、我が国の立場を強化することができるか否か。

2．我が国全体としての経済利益の確保
- (1) 物品・サービス貿易や投資の自由化により、鉱工業品、農林水産品の輸出やサービス貿易・投資の実質的な拡大、円滑化が図れるか否か。知的財産権確保等の各種経済制度の調和、人の移動の円滑化等により、我が国進出企業のビジネス環境が改善されるか否か。
- (2) EPA/FTAが存在しないことによる経済的不利益を解消することが不可欠か否か。
- (3) 我が国への資源および安全・安心な食料の安定的輸入、輸入先の多元化に資するか否か。
- (4) 我が国経済社会の構造改革が促進され、経済活動の効率化および活性化がもたらされるか否か。なお、農林水産分野については、我が国の食料安全保障の視点や、我が国で進行中の同分野の構造改革の努力に悪影響を及ぼさないか。
- (5) 専門的・技術的労働者の受入れがより促進され、我が国経済社会の活性化や一層の国際化に資するか否か。

3．相手国・地域の状況、EPA/FTAの実現可能性
- (1) 国および相手国・地域がそれぞれ相手方との関係で抱える、自由化が困難な品目にどのようなものがあるか。そうした双方の困難さにお互いが適切な考慮を払うことができるか否か。
- (2) 当該国・地域以外の国・地域に対し貿易投資上生じうる影響をめぐり摩擦等が生じないか。
- (3) 当該国・地域において、WTOおよびEPA/FTA上の約束を実施する体制が整っているか否か。
- (4) 当該国・地域との経済連携のあり方として、関税の削除・撤廃を中心とするFTAが最も適切か否か。

（出所）外務省ホームページより

に続き、2番目のメキシコとも締結し2005年4月からは発効している。これを見る限り、日本のFTA交渉は順調のようにも見えるが、相手国の事情など克服しなければならない課題はまだまだ多いといえるだろう。

以上、大まかに日韓両国のFTAの状況についてみていったが、日韓間のFTAの状況や課題などがどうなっているのか、以下でみていく。

日本と韓国間のFTAは、98年10月に金大中大統領が訪日した際発表された、「21世紀に向けた新しい日韓パートナーシップ行動計画」の中で正式に提案された。その後、日韓FTAビジネスフォーラムや日韓FTA産官学合同研究会が開催されるなど、FTA締結に向けた議論が活発に行われている。韓国が日本とのFTAを推進する理由は、2国間の経済関係を深めることに加えて、日韓FTAを金大中大統領の目指す北東アジアにおけるFTA、ひいては東アジア自由貿易地域構想の実現のための足がかりにしたいとの政治的な意図がある。

韓国の企業関係者は同FTAをどのようにみているのであろうか。

まず、日韓FTA締結による日本の輸入関税の撤廃について、韓国の繊維業界や農林水産業の関係者は繊維製品や加工食品の対日輸出が拡大するなどの便益を見込んでいる。しかし、韓国の基幹産業である自動車や電気・電子産業などは、日本の輸入関税率は既に平均で2～3%と低いため、関税撤廃の効果は限定的との見方が強く、むしろ韓国の対日輸入関税の撤廃による便益を見込んでいる。これらの産業には、生産に必要な基幹となる部材品を主に日本から輸入し、それらを韓国内で組み立て欧米市場に輸出するという生産構造がある。このため、韓国の対日輸入で関税が撤廃されれば、生産コストが低下し、完成品の輸出競争力が強まるとの意識が業界関係者には強い。

また、日韓FTAは包括的な経済連携を目指す上で、双方が非関税障壁と判断する制度の撤廃または緩和を求めている。韓国側が求めている要望をみると、貿易制度面では主に韓国の主要輸出品目である農水産物や繊維製品における規制の撤廃・緩和が中心である。

一方、農業分野をみると、韓国の輸入関税撤廃により日本から鯛などの高級魚、みかん等の柑橘系果物、タバコの輸入が拡大するとの予測から、韓国の農業関係団体には日韓FTAの締結に反対しているところもある。しかし、韓国農村経済研究所などの分析では、日本とのFTAの場合、韓国の農林水産業における被害は少なく、むしろ韓国からの生鮮野菜、加工食品、その他果物などの対日輸出が拡大するメリットの方が大きいとの結果が出ており、日韓FTAの締結は韓国の農業全体にとって有益とみる向きもある。しかし、日本側は韓国からの加工食品やトマトやカツオなどの農産物輸入が拡大し国内の農業に大きな被害が出るとの予測から、輸入関税の撤廃に強く反対しており、農業問題が日韓FTA締結のネックとなっている。

また韓国の政府や企業は、現在韓国が日本からの輸入に依存している基幹部品・素材の生産拠点を日本から韓国へシフトさせ、日本はより高付加価値製品の生産に特化することで、新たな日韓間の分業体制を構築し、日系企業の“韓国パッシング”を回避することを狙っている。そしてそのためには日韓FTAが有効であるとの認識がある。

韓国政府にとって日本との経済関係をより強固にすることは、金大中大統領の提唱する、北東アジアにおけるFTAや東アジア自由貿易地域の創設を実現する上で不可欠であるとともに、中国経済が台頭する北東アジアにおいて韓国がいかに生き残るかを検討する上でも重要な政策課題である。[4)]

4)　木村福成・鈴木厚編著　『加速する東アジアFTA　現地リポートに見る経済統合の波』ジェトロ　2003年　164～166ページ

第3節　日韓FTAに対する若干の提言

FTAの側面の1つに、自由化推進を通じて競争力の低い産業や企業が激しい競争にさらされ、比較優位の産業を伸ばそうとする経済構造改革を促すというものがある。本節では、この側面について、これまでに進めてきた各種統計分析の結果から日韓両国のFTAに適した産業や品目を挙げてみたいと思う。

まず、韓国の日本に対する比較優位品目を挙げていくと、日・韓国際個別生産性指数の因子分析から、マーガリン、男子・少年用オーバーコート、洋紙、自動車用ガソリン、鉄鋼の品目が該当する。[5)]

また、韓国の日本に対する比較優位産業を挙げていくと、日・韓国際総合生産性指数の因子分析から、鉄鋼、金属製品の産業が該当する。[6)]

次に、日本の韓国に対する比較優位品目を挙げていくと、日・韓国際個別生産性指数の因子分析から、人造氷、灯油、ナフサ、乗用車用タイヤ、鋳鉄管・そ銑鋳物の品目が該当する。[7)]

また、日本の韓国に対する比較優位産業を挙げていくと、日・韓国際総合生産性指数の因子分析から、ゴム・皮革、窯業、自動車の産業が該当する。[8)]

---

5)　日・韓国際個別生産性指数の因子分析の結果、基本的に韓国の比較優位品目すなわち日本の比較劣位品目に属するものから、回転前と回転後を照合し、その両方に存在したものをここで挙げた。

6)　日・韓国際総合生産性指数の因子分析の結果、基本的に韓国の比較優位産業すなわち日本の比較劣位産業に属するものから、回転前と回転後を照合し、その両方に存在したものをここで挙げた。

7)　日・韓国際個別生産性指数の因子分析の結果、基本的に日本の比較優位品目すなわちすなわち韓国の比較劣位品目に属するものから、回転前と回転後を照合し、その両方に存在したものをここで挙げた。

本章の総括

以上から、韓国の比較優位品目であるマーガリン、男子・少年用オーバーコート、洋紙、自動車用ガソリン、鉄鋼の5品目と韓国の比較優位産業である鉄鋼、金属製品の2産業を、日本はFTAを通じて規制緩和や関税引き下げなどの措置を採り、貿易障壁を排除していくべきであろう。

同様に、日本の比較優位品目である人造氷、灯油、ナフサ、乗用車用タイヤ、鋳鉄管・そ銑鋳物の5品目と日本の比較優位産業であるゴム・皮革、窯業、自動車の3産業を、韓国はFTAを通じて規制緩和や関税引き下げなどの措置を採り、貿易障壁を排除していくべきであろう。

ただ、ここで挙げた日韓両国の比較優位・比較劣位構造＝国際分業構造は刻々と移り変わる非常に流動的なものであるので、常にその動向を注視し検討を加えていく必要があるだろう。

8) 日・韓国際総合生産性指数の因子分析の結果、基本的に日本の比較優位産業すなわちすなわち韓国の比較劣位産業に属するものから、回転前と回転後を照合し、その両方に存在したものをここで挙げた。

主要参考文献

［著書・論文］

Balassa, B., ***An Empirical Demonstration of Classical Comparative Cost Theory***, The Review of Economics and Statistics, Aug. 1963.

MacDougal, D., ***British and American Exports, A Study Suggested by the Theory of Comparative Costs***, Economic Journal, Dec. 1951.

Paige D. and Bombach, G.,A ***Comparison of National Output and Productivity of the United Kingdom and the United States***, Joint Study by the OEEC and the Department of Applied Economics, University of Cambridge, OEEC, Paris, 1959.

Rostas, L., ***Comparison Productivity in British and America Industry***, Cambridge University Press, 1948.

B.S.Everitt and G.Der　田崎武信監訳『事例とSASで学ぶデータ解析』アーム／サイエンティスト社、2001年

石田貞夫編『貿易用語辞典』白桃書房、2002年

伊藤元重『ゼミナール国際経済入門』日本経済新聞社、2000年

内田治・松木英明・上野真由美『すぐわかるJMPによる統計解析』東京図書株式会社、2002年

内田治・松木英明・上野真由美『すぐわかるJMPによる多変量解析』東京図書株式会社、2002年

浦田秀次郎『FTAガイドブック』ジェトロ、2002年

浦田秀次郎・木下俊彦『21世紀のアジア経済　危機から復活へ』東洋経済新報社、1999年

大野幸一・岡本由美子『EC・NAFTA・東アジアと外国直接投資－発展途上国への影響－』アジア経済研究所、1995年

郭洋春『韓国経済の実相　IMF支配と新世界経済秩序』柘植書房新社、1999年

梶田朗「急増するFTAと日本の課題」『ジェトロセンサー2002年6月号』ジェトロ、2002年

金森久雄・荒憲治郎・森口親司編『経済辞典（第3版）』有斐閣、1998年
加納悟・浅子和美『入門｜経済のための統計学』日本評論社、1992年
川田侃・大畠秀樹『国際政治経済辞典』東京書籍、1993年
姜英之『韓国経済　挫折と再挑戦』社会評論社、2001年
木村福成・鈴木厚『加速する東アジアFTA　現地リポートにみる経済統合の波』ジェトロ、2003年
国宗浩三編『アジア通貨危機　－その原因と対応の問題点－』アジア経済研究所、2000年
国宗浩三『アジア通貨危機と金融危機から学ぶ　為替レート・国際収支・構造改革・国際資本移動・IMF・企業と銀行の再建方法』アジア経済研究所、2001年
経済企画庁経済研究所編『エコノミック・リサーチ　増刊号アジア通貨危機特集』大蔵省印刷局、1998年
経済企画庁調査局編『アジア経済1996』大蔵省印刷局、1996年
経済企画庁調査局編『アジア経済1997』大蔵省印刷局、1997年
経済企画庁調査局編『アジア経済1998』大蔵省印刷局、1998年
経済企画庁調査局編『アジア経済1999』大蔵省印刷局、1999年
経済企画庁調査局編『アジア経済2000』大蔵省印刷局、2000年
高龍秀『韓国の経済システム　国際資本移動の拡大と構造改革の進展』東洋経済新報社、2000年
小島清『雁行型経済発展論』文眞堂、2003年
小島清『太平洋経済圏の生成第3集』文眞堂、2001年
近藤健彦・中島精也・林康史／ワイス為替研究会『アジア通貨危機の経済学』東洋経済新報社、1998年
坂井吉良『SASによる経済学入門』CAP出版、1998年
佐藤秀夫『国際経済の理論と現実』ミネルヴァ書房、2001年
『ジェトロ貿易白書　世界と日本の貿易』各年版、日本貿易振興会
清水良一訳『統計科学辞典』朝倉書店、2002年
高瀬保『WTO（世界貿易機関）とFTA（自由貿易協定）　日本の制度上の問題点』東信堂、2003年
滝井光夫・福島光丘『アジア通貨危機　－東アジアの動向と展望』日本貿易振興会、1998年

竹内啓監修：市川伸一・大橋靖雄・岸本淳司・浜田知久馬『SASによるデータ解析入門』東京大学出版会、1987年
竹内啓監修：芳賀敏郎・野津昌弘・岸本淳司『SASによる回帰分析』東京大学出版会、1996年
田中克明『経営･経済分析のためのSAS入門』有斐閣、1994年
谷浦孝雄編『21世紀の韓国経済　－課題と展望－』アジア経済研究所、2000年
丹後俊郎・山岡和枝・高木晴良『ロジスティック回帰分析　SASを利用した統計解析の実際』朝倉書店、1996年
池東旭『コリアクライシス　－朝鮮半島の危機！』時事通信、1998年
張南『統計学の基礎と応用』中央経済社、1998年時永祥三『SASによる経済分析入門［改訂版］』九州大学出版会、1997年
得津一郎・高橋英世『SASでらくらく統計学　経済・経営のためのデータ解析入門』有斐閣、1996年
鳥居泰彦『初めての統計学』日本経済新聞社、1994年
新村秀一『SAS言語入門』丸善株式会社、1998年
新村秀一『JMP活用統計学とっておき勉強法』講談社、2004年
日本経済研究センター「拡大する自由貿易協定と日本の選択」2001年
野口義一『SAS入門』日本理工出版会、1989年
辺真一・許仁成『韓国経済ハンドブック』全日出版株式会社、2002年
廣野元久・林俊克『JMPによる多変量データ活用術』海文堂、2004年
深川由起子『韓国・先進国経済論：成熟過程のミクロ分析』日本経済新聞社、1997年
水野欣司『多変量データ解析分析講座』朝倉書店、2000年
宮本定明『クラスター分析入門　ファジィクラスタリングの理論と応用』森北出版株式会社、1999年
宮脇典彦・阪井和男『SASによるデータ解析の基礎　－Windows版SAS準拠－』培風館、1999年
柳田義章『労働生産性の国際比較研究　－リカードウ貿易理論と関連して－』文眞堂、2002年
柳田義章『労働生産性の国際比較と商品貿易および海外直接投資　－リカードウ貿易理論の実証研究－』文眞堂、1994年
柳田義章「日韓商品貿易と対韓直接投資について　－日韓労働生産性の国際比較

の視角から－」『修道商学』第29巻2号、広島修道大学商経学会、1989年
柳田義章「日・韓労働生産性の国際比較　－商品輸出・海外直接投資の基礎データとして」『日本貿易学会JAFT』第26号、日本貿易学会、1989年
柳田義章「韓国・日本鉄鋼業の労働生産性の国際比較（1977～1985）」『修道商学』第30巻2号、広島修道大学商経学会、1990年
柳田義章「韓・日物的工業労働生産性の国際比較作業細目　－1977年、1982年および1985年」『修道商学』第31巻2号、広島修道大学商経学会、1991年
柳田義章「韓・日・米・旧西独の労働生産性の国際比較」『修道商学』第34巻2号、広島修道大学商経学会、1994年
柳田義章「日韓物的工業労働生産性の国際比較作業の拡充（1992～1997）－SASによる若干の統計分析－」『経済科学研究』第4巻　第1号別刷、広島修道大学経済科学会、2000年
山澤逸平『アジア太平洋経済入門』東洋経済新報社、2001年
行沢健三『労働生産性の国際比較　－日米工業を中心として－』創文社、1976年
行沢健三『国際経済学序説』ミネルヴァ書房、1964年
行沢健三『国際経済学要論』ミネルヴァ書房、1967年
ロバート・A・マンデル　渡辺太郎・箱木真澄・井川一宏訳『新版　国際経済学』ダイヤモンド社、2000年
渡辺利夫『韓国経済入門』筑摩書房、1996年
外務省ウェブページ　http://www.mofa.go.jp/mofaj/
経済産業省ウェブページ　http://www. meti.go.jp/
財務所ウェブページ　http://www.mof.go.jp/
韓国銀行ウェブページ　http://www.bok.or.kr

[基本統計資料]

World Trade Annual, prepared by the Statistical Office of the United Nations, 1999年版
Report on Mining and Manufacturing Survey, Economic Planning Board, Republic of Korea. 1997,1998,1999年版
『韓国経済・産業データハンドブック（各年版）』アジア産業研究所
経済産業省経済産業政策局調査統計部編『平成11年工業統計表（産業編）』大蔵

省印刷局、2001年
経済産業省経済産業政策局調査統計部編『平成11年工業統計表（品目編）』大蔵省印刷局、2001年
国際連合統計局編『貿易統計年鑑』（翻訳監修・後藤正夫）原書房（*Statistical Yearbook*, Department International Economic and Social affairs, Statistical Office, United Nations.）、各年版
通商産業大臣官房調査部編『平成9年工業統計表（産業編）』大蔵省印刷局、1999年
通商産業大臣官房調査部編『平成9年工業統計表（品目編）』大蔵省印刷局、1999年
通商産業大臣官房調査部編『平成10年工業統計表（産業編）』大蔵省印刷局、2000年
通商産業大臣官房調査部編『平成10年工業統計表（品目編）』大蔵省印刷局、2000年
日本自動車会議所・日刊自動車新聞社共著『自動車年間』日刊自動車新聞社、各年版
日本自動車工業会『主要国自動車統計』各年版

[統計分析ソフト]

Windows版SAS

SAS 9.1.3 Service Pack2

XP RRO プラットフォーム

著作権情報

SAS（Statistical Analysis System）は、アメリカSAS Institute製の統計ソフトである。本論文では、広島修道大学情報センターのサーバーにインストールされているSASを使用した。

Windows版JMP

JMP IN Ver.5.1.1

A BUSINESS UNIT OF SAS

著作権情報

JMPは、アメリカSAS Institute製の統計ソフトである。本論文では、柳田研究室所有のものを使用した。

Excel統計2000

Excel統計2000 for Windows

著作権情報

Excel統計2000 for Windowsは、Microsoft Excel 2000 for Windowsで入力・編集したデータを解析するためのアドインソフトで、株式会社　社会情報サービスの統計ソフトである。なお、Excel 2000は、アメリカMicrosoft Corporationの製品である。本論文では、経済科学研究科研究室のものを使用した。

索　引

著者　西手　満昭（にして　みつあき）
1977年生まれ
2006年　広島修道大学大学院経済科学研究科博士後期課程現代経済システム専攻修了
所属学会
日本国際経済学会　日本貿易学会　国際開発学会

日韓主要産業の推移とFTA
——日・韓物的工業労働生産性の国際比較の
データに基づく統計分析——

平成19年2月15日　発行
著　者　西手　満昭
発行所　㈱溪水社
広島市中区小町1-4（〒730-0041）
電話（082）246-7909／FAX（082）246-7876
E-mail　info@keisui.co.jp

ISBN978-4-87440-965-7 C3033